Top interview

日頃のトレーニングが いろんな現場に適応する土台に

7月26日に公開される映画『もしも徳川家康が総理大臣になったら』は、日本を救うため、AIホログラムで歴史上の偉人たちを復活させ最強内閣をつくるという前代未聞、究極の「もしも」のシネマ化です。

紫式部（文部科学大臣）を演じた観月ありささんに、役づくりや本作への思い、撮影時の苦労、日頃の健康・体力づくりについて聞きました。

観月ありさ
Alisa Mizuki

撮影／近澤幸司
ヘアメイク／持丸あかね Mochimaru Akane
スタイリスト／東知代子 Azuma Chiyoko

重い十二単での撮影 2時間着るのが限界

――日本を救うため、偉人オールスターズが最強ヒーロー内閣として現代に復活するという、究極の「もしも」を映画化した『もしも徳川家康が総理大臣になったら』。観月さんは、本作で文部科学大臣・紫式部役を演じていますが、オファーを受けたときの率直な思いを聞かせてください。

観月●これまで、武内英樹監督とは何作もお仕事をさせていただいているので、またお声がけいただき、とてもうれしく思いました。

私の演じた紫式部は、原作には登場しない役。ほぼ男性しか出てこない設定の話のなかで、紫式部という華のある役に抜擢していただけたことも、すごくうれしかったです。

――歴史上の有名な人物で大臣という役ですが、役づくりで意識したことはありますか。

観月●演者としては偉人の役なので、コメディーとはいえ偉い感じを出すためにゆったりセリフを言いたくなりがちなのですが、監督がすごくテンポ感を気にされていて、「ちょっとゆっくりしすぎ」と、つどつど偉人役の皆さんにおっしゃっていたのが印象に残っています。なので、偉人として優雅な感じを表現しながら、軽やかさやテンポ感も出してお芝居をするということにこだわって演じさせてもらいました。

――紫式部の衣装の十二単は約13kgもあり、体力や筋力が必要な撮影だったようですね。

観月●本当にこんな衣装を着て、平安時代の女性は過ごしていたのかなと疑問に思うくらい重いんですよ。ひとたび着たら前進は何とかできるものの、後ろにも横にも幅を取る衣装なので、後ずさったり横移動することもできません。2時間着ているのが限界って感じでした。

1日着ると、3日間くらい身体が痛いので、着るってなると「よし！　着るぞ!!」って気持ちで臨み、「よいしょ!!」って着つけられて。動くにしても「動きます」「座ります」ってはっきり伝えて、みんなに介助してもらわないと、一人では動けませんでした。とにかく、手を上げられないくらい重かったので、待っている間も衣紋《えもん》掛けのように肩に棒を入れてもらって、衣装を浮かせていました。待っている姿は、ちょっとおもしろくも悲しい感じでした(笑)。

こんな重い衣装を着て、どうやってお手洗いに行っていたのだろう、立ったり座ったりするのも大変なので、動く際にはお付きの人に裾とかを持ってもらっていたのだろうか……。未だに謎多き生活ですが、昔の人はすごく体力があったんじゃないかなと思いますね。

Top interview

Alisa Mizuki

みづき・ありさ●1976年、東京都出身。1991年に『超少女REIKO』で映画初主演、さらに「伝説の少女」で歌手デビューも果たし第33回日本レコード大賞新人賞を受賞。主な出演ドラマに『ナースのお仕事』シリーズ、『斉藤さん』シリーズ、『サザエさん』シリーズ、『鬼嫁日記』『夜のせんせい』など。NHKでは『天使のわけまえ』『ご縁ハンター』などに出演。1992年に連続ドラマ『放課後』で主演して以来、30年連続で連続ドラマ主演という偉業を成し遂げた。

身体づくり、健康づくりは役者として基本中の基本

――本作の撮影を乗り切れたのは、日頃から観月さんがトレーニングをしているのが大きかったのではないでしょうか。身体づくり、健康づくりで意識されていることを教えてください。

観月●日頃のトレーニングは体幹を鍛えるものが多いので、あまり負荷をかける運動はしていません。この撮影を経て、いわゆる筋トレ的な動きをもう少ししなければ、もうちょっと体力をつけなければと思いましたね。ミュージカルをやっているときなどはダッシュしながら歌ったりして喉と身体の筋力を強めるようにしているのですが、それにしても負荷に弱いなと感じました。ちょっと負荷をかけた運動もやらないといけないな、と。

現場に入ると車移動が多くなるので、本当に歩く機会が少なくなり、家とスタジオの往復だけになります。だから、なるべくお休みの日は有酸素運動をしたり、歩いたり、ジムに行ってトレーニングをしたり。アクションものもやったりするので、いろんな現場に適応できるように、体力をなるべく落とさないように日頃から努力はしています。

――いつから意識して取り組まれているのですか。

観月●最初は18歳くらいのときにダイエット目的でジム通いを始めて、それから何となくトレーニングをすることが自分のライフワークのなかに組み込まれています。

そのつど、はやっているトレーニング法は必ず試していて、いろんなトレーニングをしてきた結果、今は自重だけを使うピラティスに落ち着いていますね。移動や座っていることが多いと、どうしても腰とかお尻まわりの筋肉、太ももの筋肉が硬くなってくるので、なるべく柔軟に使えるようにしたいなと思って。もともと首とか腰が強いほうではないので、痛めないために日頃から予防としてやっている部分もあります。

――最後に読者にメッセージをお願いします。

観月●すごく賑やかで楽しい作品に仕上がっていると思います。ちょっと政治的な雰囲気もあるのですが、まったく難しいところはなく、本当に気楽に観ることができる作品です。

劇場で笑いながら、このお祭りムービーを観ていただけたらうれしいなと思います。

映画『もしも徳川家康が総理大臣になったら』

時は2020年、コロナウイルスが猛威を振るい、日常を奪われた日本。国内が大混乱に陥るなか、首相官邸でクラスターが発生、あろうことか総理大臣が急死してしまう。そこで政府が実行した最終手段、それは「AIホログラムにより歴史上の偉人たちを復活させ、最強内閣をつくる」という前代未聞の計画だった。総理大臣を託されたのは、"江戸幕府をつくり上げた伝説の男"徳川家康。さらに、日本史に燦然と輝く大スターたちが議員バッジをつけて内閣に参加。通称「偉人ジャーズ」によるドリームチーム内閣が誕生する。テレビ局の新人記者・西村理沙はスクープを取ろうと、政府のスポークスマン・坂本龍馬に近づくのだが、ひょんなことから偉人ジャーズの活躍の裏に渦巻く黒い思惑に気づいてしまう――。

出演　浜辺美波　赤楚衛二　GACKT　髙嶋政宏　江口のりこ　池田鉄洋　音尾琢真　小手伸也　長井短　観月ありさ　竹中直人　野村萬斎　ほか
原作　眞邊明人『もしも徳川家康が総理大臣になったら』（サンマーク出版）
監督　武内英樹
音楽　Face 2 fAKE
配給　東宝

公開日：2024年7月26日（金）

「知りたい」と「知ってほしい」をつなげます

厚生労働

2024年7月号

特集 08 「働く高年齢者」の安全と健康を確保する

10 PART1 高年齢労働者の安全と健康確保のための
「エイジフレンドリーガイドライン」とは？

12 PART2 先進企業の取り組みから学ぶ

1 JFEスチール株式会社 西日本製鉄所
「安全体力®機能テスト」と「アクティブ体操®」で労災発生率激減

2 東芝インフラシステムズ株式会社 社会システム事業部
現場作業員の声を集めた200件の安全対策で過去7年間無災害

3 株式会社サッポロライオン 人事総務部
「シニアの健康チェック」が好結果生む　アルバイトスタッフも対象に

18 PART3 特に女性は加齢とともに骨折リスクが増大
「骨粗しょう症」検診のススメ

特別座談会 22 感染症危機管理専門家（IDES）
コロナ危機を越えて安心の未来へ

TOPICS 26 夏を安全に楽しもう！
感染症対策ガイド

INTERVIEW 03 観月ありささん（俳優）

連載 30 〈未来のつぼみ〉
「共生社会の実現を推進するための認知症基本法」成立の裏側で

31 〈今月のPICK UP〉

34 〈今月のイベント〉

38 〈人生を広げるSide Business〉
株式会社HEXEL Works 人事部 × かさね社会保険労務士事務所 代表／社会保険労務士

40 〈「ひとりじゃない」を知ってほしい　居場所図鑑〉
障害者・難病者支援
障害者や難病者を知る機会をつくり
就労や生活の選択肢拡大に努める

42 〈病院ウォーカー　～「病床の機能分化」を知ろう〉
「地域包括ケア病棟」機能
在宅療養中や急性期後の患者受け入れと在宅復帰支援を担う

44 〈食事にひそむキケン　～おいしく安全に食べるヒント～〉
細菌　黄色ブドウ球菌・ウエルシュ菌・ボツリヌス菌

45 〈キャラクター辞典〉
「ダメ。ゼッタイ。」普及運動薬物乱用防止キャラクター
ダメ。ゼッタイ。君

46 〈技能の道〉時計修理　川上健太さん

47 〈海外からの便り〉ベトナム社会主義共和国

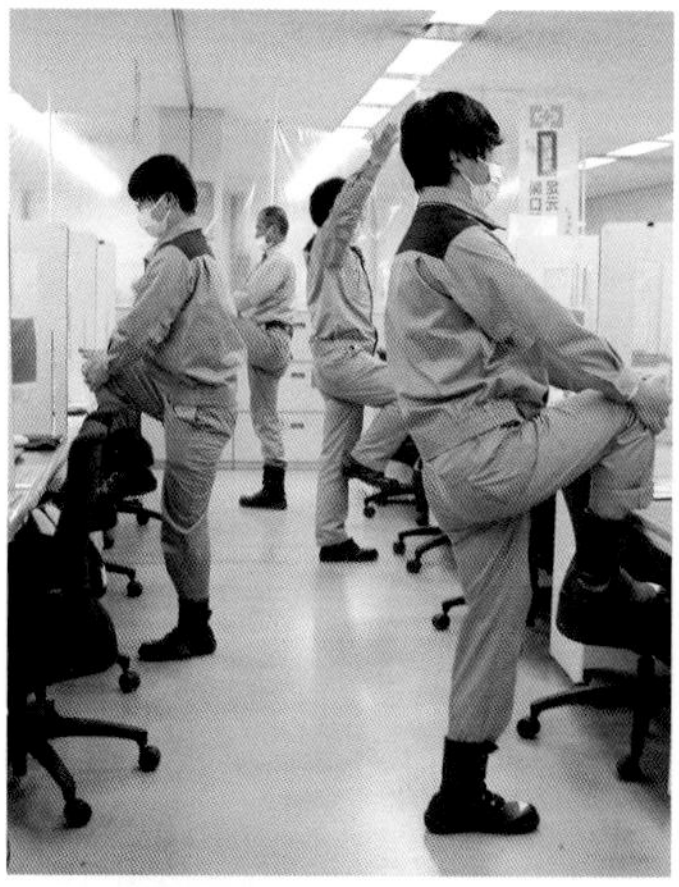

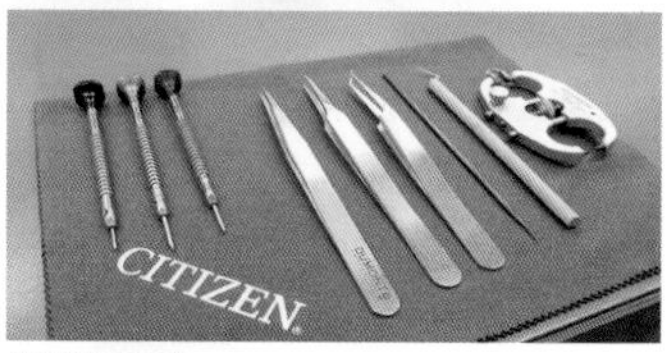

〈技能の道〉

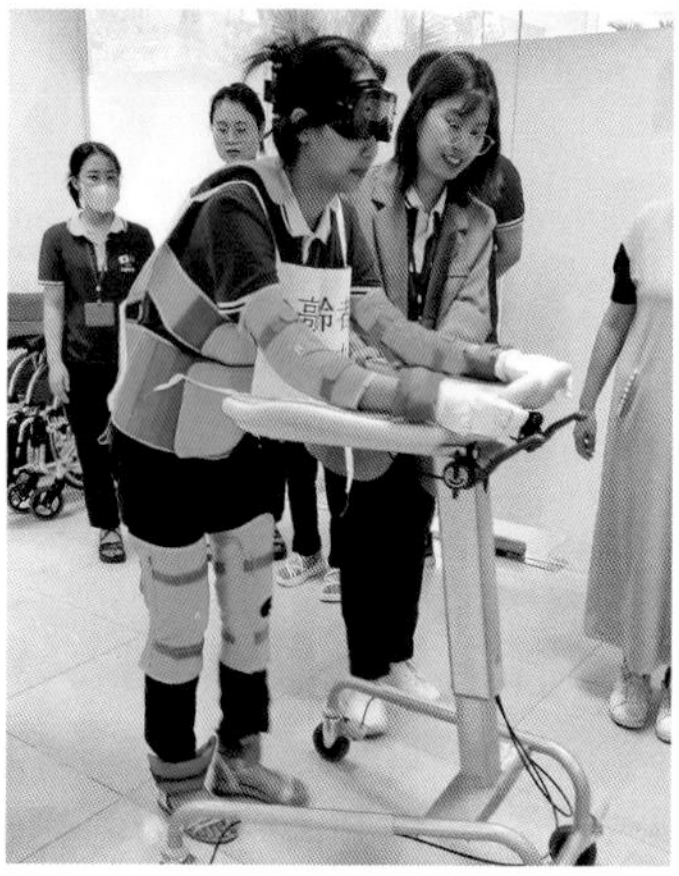

〈海外からの便り〉

発行／株式会社日本医療企画
東京都中央区八丁堀3-20-5　S-GATE八丁堀
TEL（代表）　03-3553-2861
TEL（編集部）　03-3553-2864
編集協力／厚生労働省

特集

「働く高年齢者」の安全と健康を確保する

「人生100年」といわれる時代を迎え、2022年時点で、雇用者全体に占める60歳以上の割合は20%近くに達しつつあります。それにつれて職場での高年齢者の労働災害が増え、同年の労働災害による休業4日以上の死傷者数約13万5,000人の30%弱を、60歳以上が占める状況になっています。
本特集では、「高年齢者の労働災害増加」という新しい社会課題に対応するため、厚生労働省が2020年に策定し、高年齢者を雇用する企業に周知を図ってきた「エイジフレンドリーガイドライン」について、その内容と企業による取り組み事例を紹介するとともに、高年齢者の労働災害のなかで特に多い「転倒→骨折」の大きな要因となる「骨粗しょう症」対策も取り上げます。

現状分析　今、労働現場で起きていること

増加する「働く高年齢者」の労働災害

現状1　働く人の5人に1人、労災死傷者数の30%弱が60歳以上

図表1　高年齢者の就労と被災状況

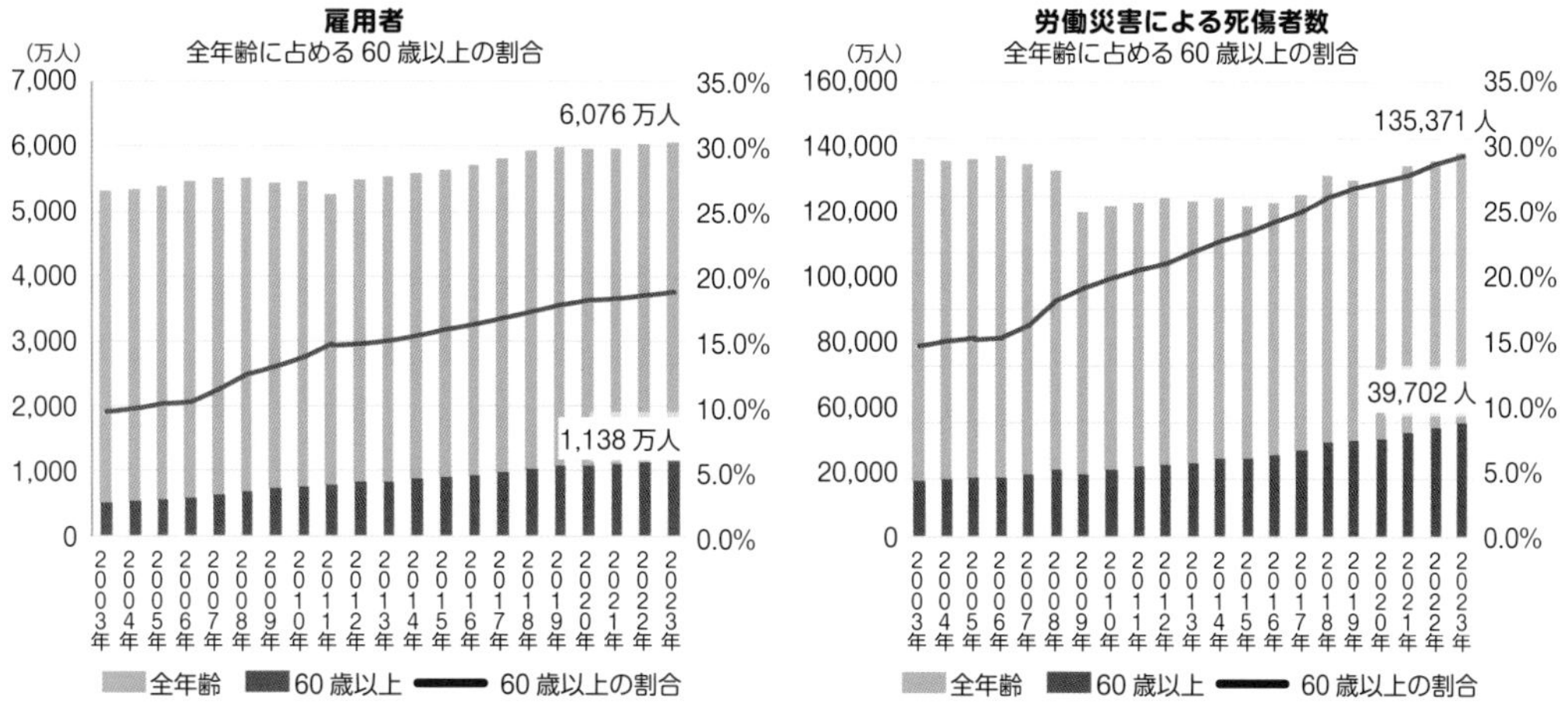

データ出所：労働力調査（総務省）（年齢階級、産業別雇用者数）における年齢別雇用者数（役員を含む。）
※2011年は東日本大震災の影響により被災3県を除く全国の結果となっている。

データ出所：労働者死傷病報告※新型コロナウイルス感染症へのり患によるものを除く

60歳以上の働く人は2003年段階では雇用者全体の10%を下回っていましたが、その後20年かけて緩やかに上昇し、2022年には18.4%と、ほぼ5人に1人となりました。それに伴い、労働災害（以下、労災）による休業4日以上の死傷者数に占める60歳以上の割合も増加。20年前には15%だった比率が30%近くへと倍増しています。

現状2　60歳以上の労災発生率は30代と比べ男性2倍、女性4倍

図表2　1,000人単位の労災発生率

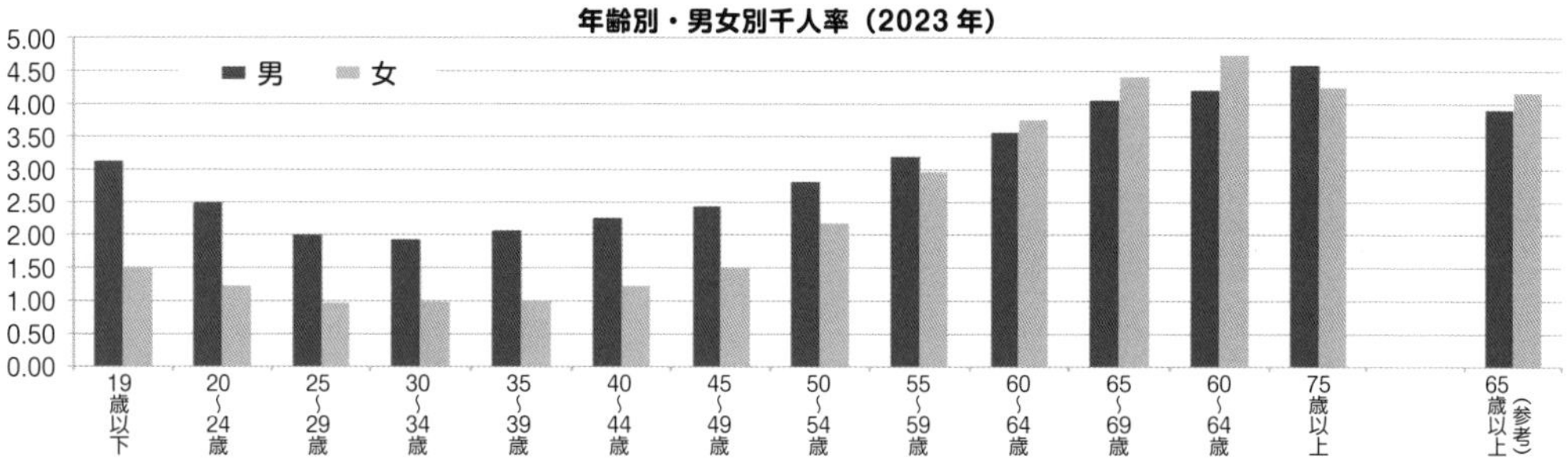

千人率=労働災害による死傷者数／平均労働者数×1,000
データ出所：死傷者数…労働者死傷病報告（令和5年）※新型コロナウイルス感染症へのり患によるものを除く：労働者数…労働力調査（年次・2023年・基本集計第I-2表役員を除く雇用者）

2023年の「働く人1,000人当たりの労災発生率」を見ると、最も低い30～34歳の男性1.93人、同女性0.98人に対して、60～64歳は男女とも3.5人以上、65歳以上では同4人を超えています。また、「労災による休業見込み期間」も、年齢が上がるに従い長くなる傾向を示しています。

現状3　男性は「墜落・転落」防止、女性は「転倒」防止が急務

図表3　年齢別・男女別の傾向（事故の型別の発生率）

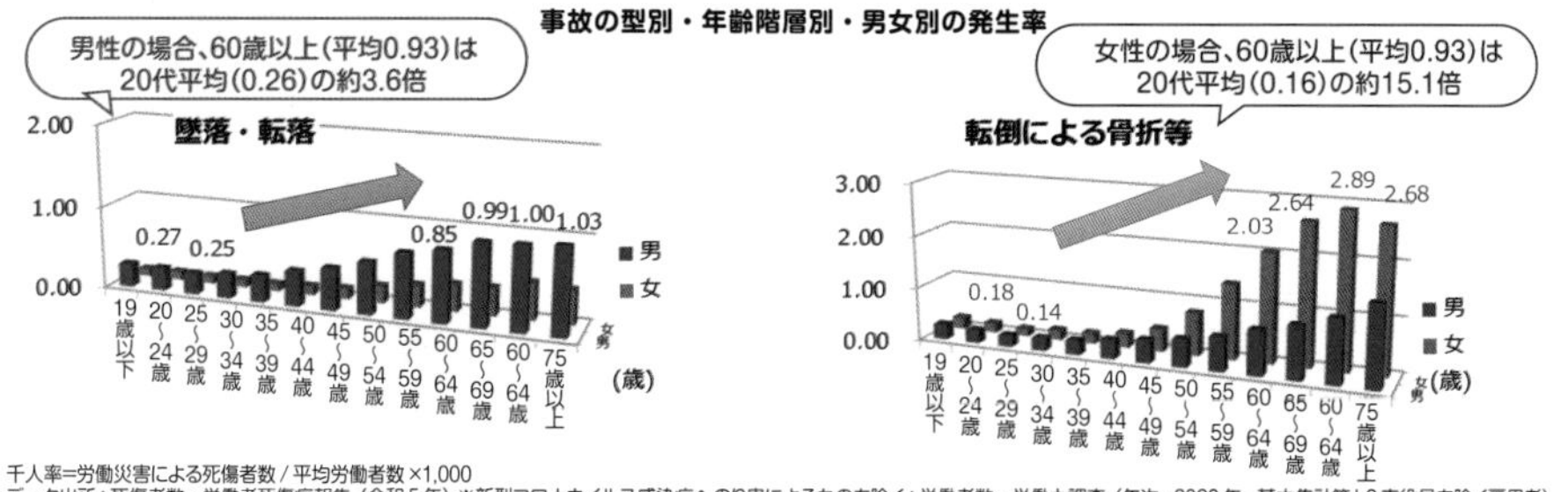

千人率=労働災害による死傷者数／平均労働者数×1,000
データ出所：死傷者数…労働者死傷病報告（令和5年）※新型コロナウイルス感染症へのり患によるものを除く：労働者数…労働力調査（年次・2023年・基本集計第I-2表役員を除く雇用者）

高年齢者の労災について、どのようなものが多いのかを分析すると、男性では脚立などからの「墜落・転落」において若手労働者との発生率の差が顕著で、60歳以上の働く人1,000人当たりの労災発生率0.91人は20代の同0.26人の約3.5倍。女性では「転倒による骨折等」の若年労働者との発生率の差が目立っており、60歳以上の同2.41人は20代の同0.16人の約15.1倍です。転倒や墜落・転落の防止対策は特に重要な課題といえます。

PART 1

高年齢労働者の安全と健康確保のための「エイジフレンドリーガイドライン」とは？

パート1では「エイジフレンドリーガイドライン」など、高年齢労働者の労働災害の増加傾向に歯止めをかけ防止するための厚生労働省の取り組みについて、労働基準局安全衛生部安全課の澤田京樹中央産業安全専門官が解説します。

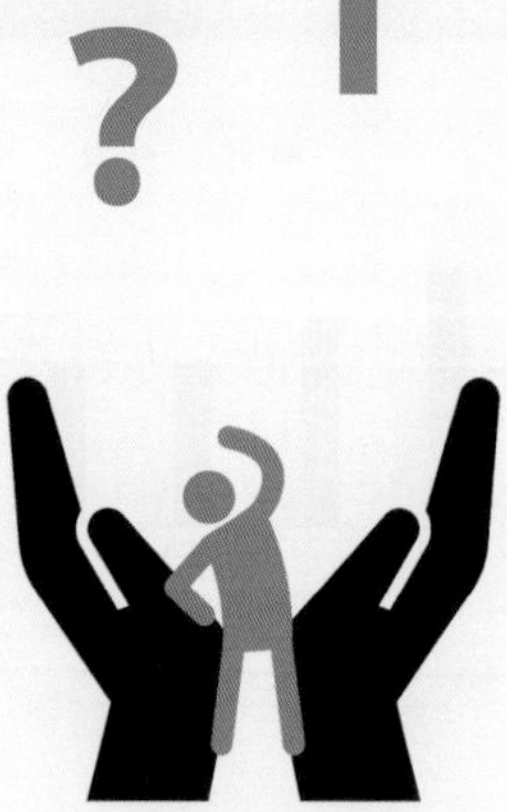

労働基準局安全衛生部
安全課
中央産業安全専門官
澤田 京樹

高年齢労働者の労働災害防止対策

近年、労働災害による休業4日以上の死傷者数が増加傾向にありますが、そのうち大きな割合を占めるようになってきているのが高年齢労働者によるものです。２０２３年時点で労働者全体に占める60歳以上の方の割合は18・7%となっているのに対し、死傷者数全体に占める60歳以上の割合は29・3%となっています。その発生状況としては「転倒」や「墜落・転落」が多くなっています。また、年齢が上がるにしたがって休業が長期化する傾向があります。

こうした現状を踏まえ、厚生労働省は２０２３年度からの5カ年計画「第14次労働災害防止計画」（**図表4**）のなかで、「高年齢労働者の労働災害防止対策の推進」を重点対策事項として定め、具体策として２０２０年に策定した「エイジフレンドリーガイドライン（高年齢労働者の安全と健康確保のためのガイドライン）」（**図表5**）を踏まえた対策を各事業所に求めています。

エイジフレンドリーガイドラインでは、職場における高年齢労働者の身体機能の低下などを要因とする労働災害のリスクの評価を行い、そのリスクを低減させるための対策、すなわち身体機能の低下を補うような対策（照度の確保、通路の段差解消、重量物取り扱い作業や介護作業における補助機械（リフト等）の導入など）の実施を求めています。あわせて体力チェックの実施などで、「転びやすくなっている」など労働者ご自身の体力の状況を「見える化」していくことなども求めています。たとえば、飲食店を経営するサッポロライオンさん（16ページ）では、労働環境の整備だけでなく、「健康チェック」として体力の状況把握などを行うことを通して、事業者側だけでなく労働者側にも労働災害防止の必要性を意識させることで、体力づくりの取り組みを促進するなど、より実効的な労働災害防止対策につなげています。

「エイジフレンドリー補助金」

ただ、エイジフレンドリーガイドラインは全体としてはまだあまり認知されていないのが実情で、２０２２年に行ったアンケート調査では、本ガイドラインを「知っている」と答えた事業所は17・9%でした。さらに、そのうち「対策を行っている」ところは約6割、全体の11%に過ぎず、この11%の事業で取り組んでいる対策内容も、定期健康診断などと回答された事業が多く、労働者の身体機能の低下を補う対策を行っている事業はわずかでした。こうした現状も踏まえ、厚生労働省は本ガイドラインに基づく実質的な対策の促進を図るためのさまざまな施策を実施しています。

その一つとして、２０２０年度からの中小企業向けの「エイジフレンドリー補助金」（**図表6**）があります。この補助金は、高年齢労働者の身体機能の低下を補うための対策、高年齢労働者にとって危険な場所、負担の大きい作業を解消する工事や設備の購入対策を主な補助対象（2分の1、上限100万円）としています。

運動に若いうちから取り組もう

さらに2024年度からはこの補助金に新しいコースを設け、労働者の転倒防止のための、専門家などによる労働者への身体機能チェックと運動指導への補助を始めています。

このコースでは、既存コースで設けていた労働者の年齢要件（60歳以上）をなくしています。高年齢労働者に多いのは職場での転倒による骨折などですが、転倒の原因は「物につまずく」よりも、「何もないところでつまずく」や「足が上がらない、もつれる」というもののほうが多くなっており、その対策としては若いうちから運動により身体機能を維持していくことが重要となるからです。つまり、健康のためだけでなく、職場や日常生活での怪我の防止のためにも、高年齢になってからではなく、若いうちから意識して運動に取り組み、筋力や体力を維持していくことが重要です。このコースでは補助率も2分の1から4分の3へと引き上げており、そのような取り組みを強く支援しています。

「骨粗しょう症」対策も重要

なお、労働災害の男女別の傾向では、50代以上の女性が職場で転んで骨折する事例が増えており、その理由として、中高年齢の女性の労働者の増加と「骨粗しょう症」のリスクとの関係が挙げられます。現時点での骨粗しょう症検診の受検率は約5％となっており、政府としてはこれを15％まで上げるという目標を掲げていますが、エイジフレンドリーガイドラインに基づく、転倒災害をはじめとした労働災害の防止のための職場環境の整備と骨粗しょう症を予防する取り組みを一緒に進めることが、労働災害の減少につながると考えています。

図表4　第14次労働災害防止計画　8つの重点対策

①	自発的に安全衛生対策に取り組むための意識啓発 社会的に評価される環境整備、災害情報の分析強化、DX の推進	⑤	個人事業者等に対する安全衛生対策の推進
②	労働者（中高年齢の女性を中心に）の作業行動に起因する労働災害防止対策の推進	⑥	業種別の労働災害防止対策の推進 陸上貨物運送事業、建設業、製造業、林業
③	高年齢労働者の労働災害防止対策の推進	⑦	労働者の健康確保対策の推進 メンタルヘルス、過重労働、産業保健活動
④	多様な働き方への対応や外国人労働者等の労働災害防止対策の推進	⑧	化学物質等による健康障害防止対策の推進 化学物質、石綿、粉じん、熱中症、騒音、電離放射線

死亡災害：5％以上減少　死傷災害：増加傾向に歯止めをかけ 2027年までに減少

図表5　「エイジフレンドリーガイドライン」で事業者に求められるもの

1：安全衛生管理体制の確立 等
（経営トップ自ら安全衛生方針を表明し、担当組織・担当者を指定、リスクアセスメントの実施）

2：職場環境の改善
（身体機能の低下を補う設備・装置の導入、高年齢労働者の特性を考慮した作業管理、勤務形態等の工夫）

3：高年齢労働者の健康や体力の状況の把握
（健康測定等により、事業者、高年齢労働者双方が健康や体力の状況を客観的に把握）

4：高年齢労働者の健康や体力の状況に応じた対応
（把握した状況に応じて適合する業務をマッチング、身体機能の維持向上への取り組み）

5：安全衛生教育
（写真や映像等の情報を活用した安全衛生教育、経験のない業種や業務に従事する場合の丁寧な教育訓練）

図表6　エイジフレンドリー補助金の概要

補助金申請受付期間：2024年5月7日～10月31日（予定）

	高年齢労働者の労働災害防止対策コース	転倒防止や腰痛予防のためのスポーツ・運動指導コース【新設】	コラボヘルスコース
対象事業者	• 労災保険に加入している中小企業事業者かつ、1年以上事業を実施していること • 役員、派遣労働者を除く、以下の労働者を雇用していること		
対象事業者	• 高年齢労働者（60歳以上）を常時1名以上雇用している • 対象の高年齢労働者が補助対象に係る業務に就いている	• 労働者を常時1名以上雇用している（年齢制限なし）	
補助対象	• 1年以上事業を実施している事業場において、高年齢労働者にとって危険な場所や負担の大きい作業を解消する取り組みに要した経費（機器の購入・工事の施工など） （ア）転倒・墜落災害防止対策 （イ）重量物取扱いや介護作業における労働災害防止対策（腰痛予防対策） （ウ）暑熱な環境による労働災害防止対策（熱中症防止対策） （エ）その他の高年齢労働者の労働災害防止対策（交通災害防止対策）	• 労働者の転倒防止や腰痛予防のため、専門家などによる運動プログラムに基づいた身体機能のチェックおよび運動指導などに要する経費 （オ）「転倒防止」のための身体能力のチェックおよび運動指導などの実施 （カ）「腰痛予防」のための身体機能のチェックおよび運動指導などの実施 2024年度から「補助金を3/4に引き上げ」、補助対象を60歳以上の労働者を雇用する中手事業者のみならず「全ての中小事業者」に拡充	• 事業所カルテや健康スコアリングレポートを活用したコラボヘルスなど、労働者の健康保持増進のための取り組みに要した経費 事業主健診情報が保険者に提供されていることが必要 （キ）健康診断結果などを踏まえた喫煙指導、メンタルヘルス対策などの健康教育、研修など （ク）健康診断結果などを電磁的に行い、事務所カルテ・健康スコアリングレポートの活用などによりコラボヘルスを推進するためのシステムの導入 （ケ）栄養指導、保健指導などの労働者への健康保持増進措置
上限額補助率	補助率：1／2	補助率：3／4	
上限額補助率	上限額：100万円（消費税を除く）		上限額：30万円（消費税を除く）

先進企業の取り組みから学ぶ

厚生労働省は毎年、労働災害防止に向けて優れた取り組みを行っている企業・団体を表彰する「SAFEコンソーシアムアワード」を実施しています。Part2では、2023年度の同アワードで表彰を受けた先進企業における「高年齢労働者の労災防止の取り組み」事例を紹介します。

SAFEコンソーシアム AWARDS 2023年度

腰痛予防部門 ゴールド賞

安全健康室
倉敷地区ヘルスサポートセンター
主任部員（係長）
乍《ながら》 智之《ともゆき》さん

JFEスチール株式会社 西日本製鉄所

「安全体力®機能テスト」と「アクティブ体操®」で労災発生率激減

事例集はこちら

〒712-8074 岡山県倉敷市水島川崎通1丁目

法人データ

【主な業務】製造業
【従業員数】4,013人（倉敷地区、2023年3月末）
【定年】65歳
【継続雇用制度】なし※会社都合により雇用するケースはあり
【継続雇用労働者数】なし
【最高年齢者】72歳（会社都合により嘱託社員として受け入れ）

「災害被災者の体力はそもそもどうだったのか？」

川崎製鉄とNKKが統合してJFEスチールに変わった2003年当時、同社の西日本製鉄所では作業者の転倒災害が増加していました。そのうち47％は40歳以上で、私傷病による休業件数・日数のデータも腰痛や膝痛によるものが所内でワースト1位でした。

当時、統合に伴い新設された安全健康室ヘルスサポートセンターに所属していた乍智之さんは、PL学園高校から川崎製鉄野球部に進み、現役引退後はアスレティックトレーナー資格を取得してコーチとして長年、部員のコンディション管理をしていました。その視点から、「そもそも、災害被災者の体力はどうだったのか？」と考えました。

「スポーツの現場ではケガやプレーミスは自身の体力不足か、間違った身体の使い方のせいであり、環境（雨や地面のぬかるみ）のせいにはしません。作業現場では設備など環境面の安全対策は進んでいますが、それに加えて、働く人の体力や身体の使い方において改善できることがあるのではないかと考えたのです」

テストで転倒・腰痛の発生リスクを可視化

そうした問題意識から2004年に始まったのが、同製鉄所の「安全体力®」※1への取り組みです。その柱は①「安全体力®機能テスト」と②「アクティブ体操®」。

①のテストは大きく3つに分かれ、「転倒リスク」「ハンドリングミスリスク」「腰痛リスク」をそれぞれテストします（図表1）。

図表1　安全体力®機能テスト

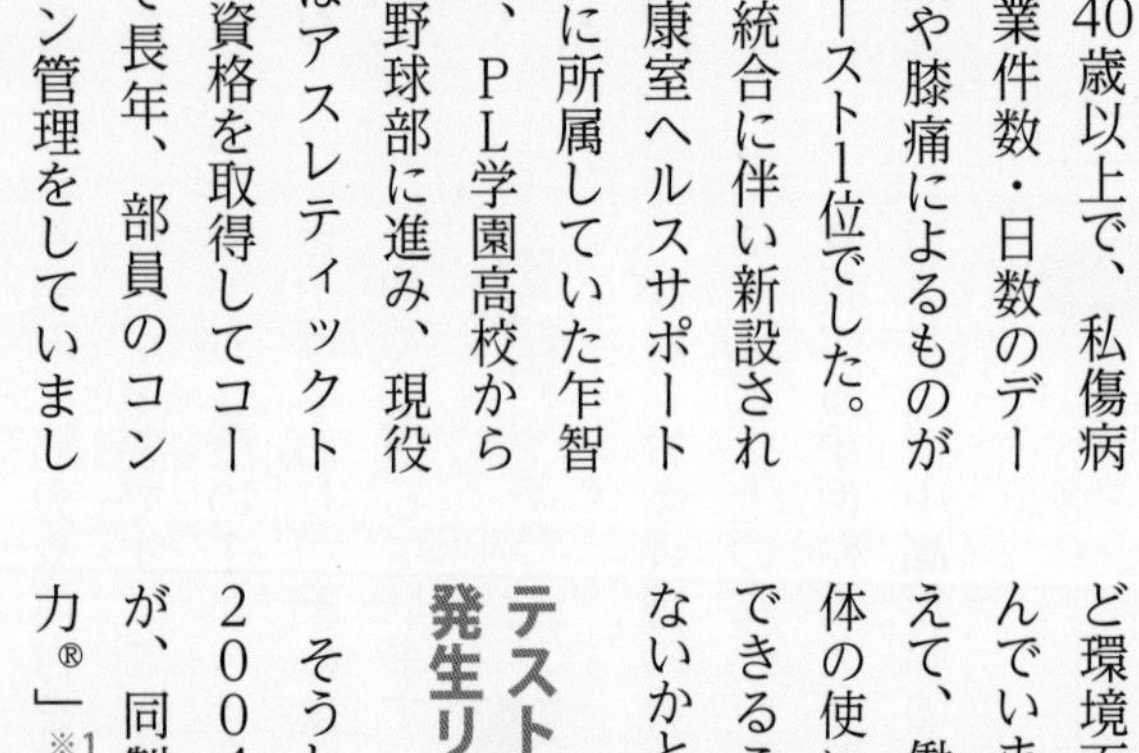

※1：転倒や腰痛などの労働災害を未然に防ぐための体力の総称。筋力以外に、関節の可動性やバランス感覚など機能面の能力も含む。2015年商標登録。

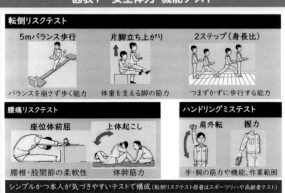

たとえば、転倒リスクをテストする「5mバランス歩行」はペットボトルを載せた画板を体前面に把持して行うもので、現場作業の実態に即した内容になるよう工夫されています。

「駐車場に車を停めて、事務所の机に座るまでずっと両手が空いているなんて、仕事ではあり得ませんよね。バッグや道工具、段ボール箱を抱えて視界を制限されながら歩くこともあります。そういった想定を随所に入れたテストにしました」

次に、①のテストで転倒・腰痛の発生リスクを可視化しながら、それらが起こりにくい身体づくりをサポートするのが、乍さんが独自に考案した②のアクティブ体操®（**図表2**）です。①②とも対象は全社員。2010年度からは入社時研修にも取り入れられ、新人は作業に必要な安全体力を身につけてから配属されます。

これらの対策を続けた結果、腰痛を中心に筋骨格系疾患の発生件数率が右肩下がりで低下し、休業日数を換算した損失金額も2022年にはピーク時（2004年）の7分の1まで減少しています。

この間、2009年には、より転倒予防に注力したアクティブ体操のパート2が開発され、現在、他企業でも60社以上が取り入れています。

図表2　アクティブ体操®

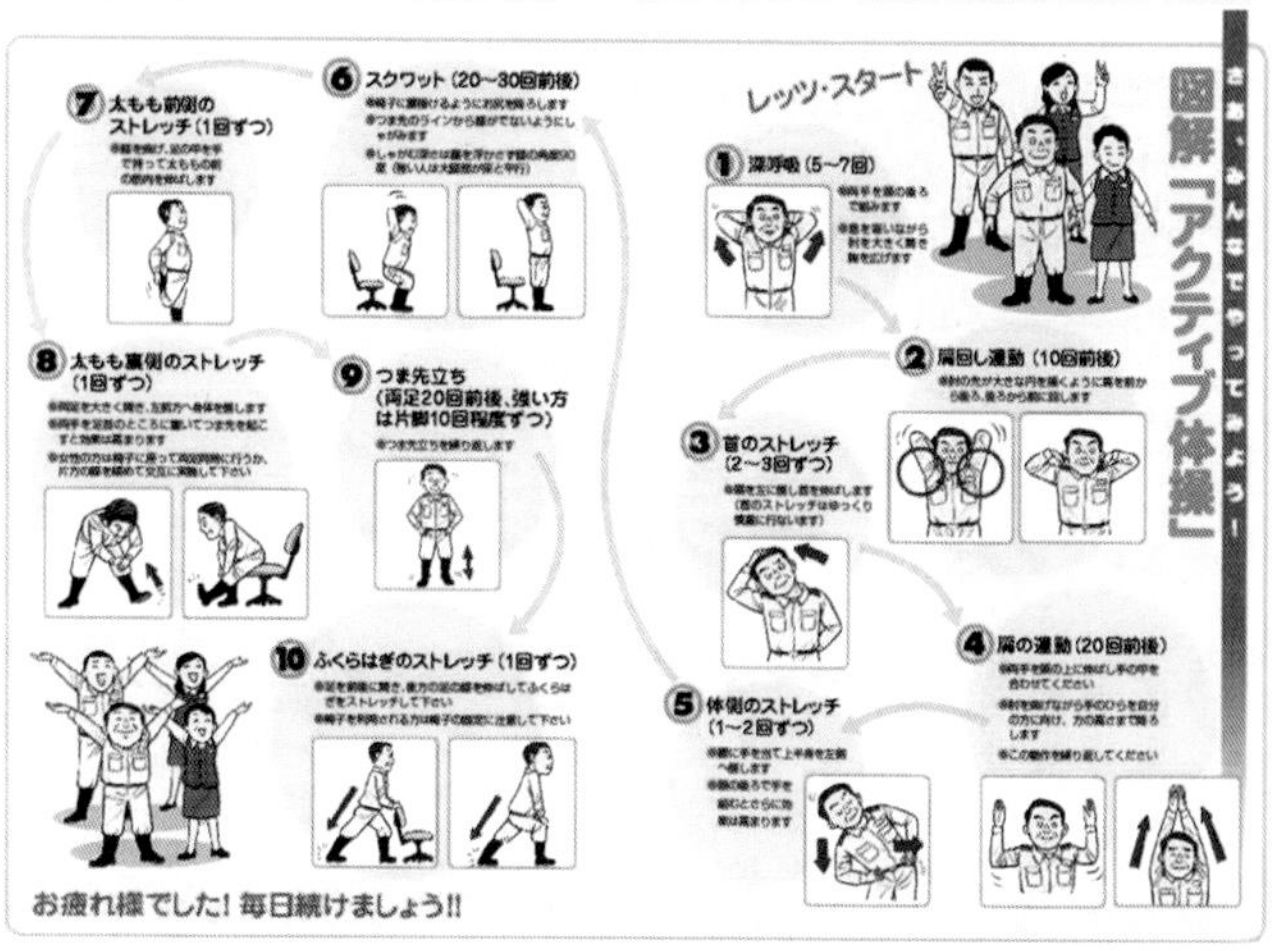

「健康」ではなく「安全」に寄せたことで成果を出す

こうした成果により、同製鉄所は2023年度SAFEコンソーシアムアワードの腰痛予防部門で金賞に輝きます。取り組みの成功の秘訣を、乍さんは「〝健康づくり〟の文脈にあえて乗せなかったこと」と分析します。

「健康づくりだと、お酒やタバコと同じく個人の生き方の話になりやすく、『わしゃあ運動せんでもええんじゃ』と言う人には届きません。でも、本当に参加してほしいのはそういう人たちなので、弊社の社是である〝安全〟に紐づけました。それでも、ベテラン社員にとっては急に始まったことなので、反発がなくなるまで苦労しましたが、おかげさまで今は全社で普及・定着しています」

社員の健康と安全は企業の財産で、事業活動の両輪。ただ、健康確保は特定保健指導や専門家によるメンタルヘルス対策などがすぐ思い浮かびますが、安全確保は環境整備以外の専門家が制度化されていないのが実情。そのなかで、「バットをハンマーに持ち替えたら同じだと思った」という乍さんのスポーツ専門家の着眼と発想は、製造業に限らず、さまざまな業界の作業現場にヒントを与えそうです。

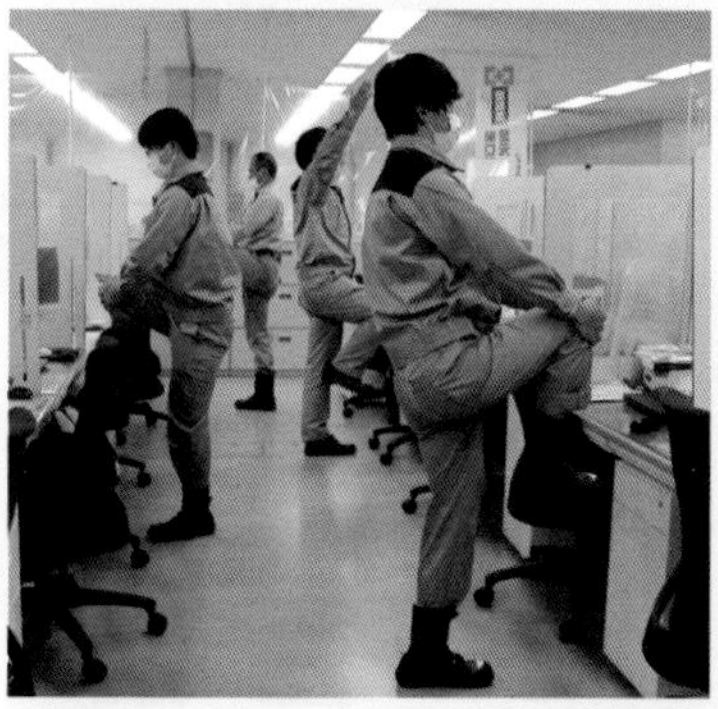

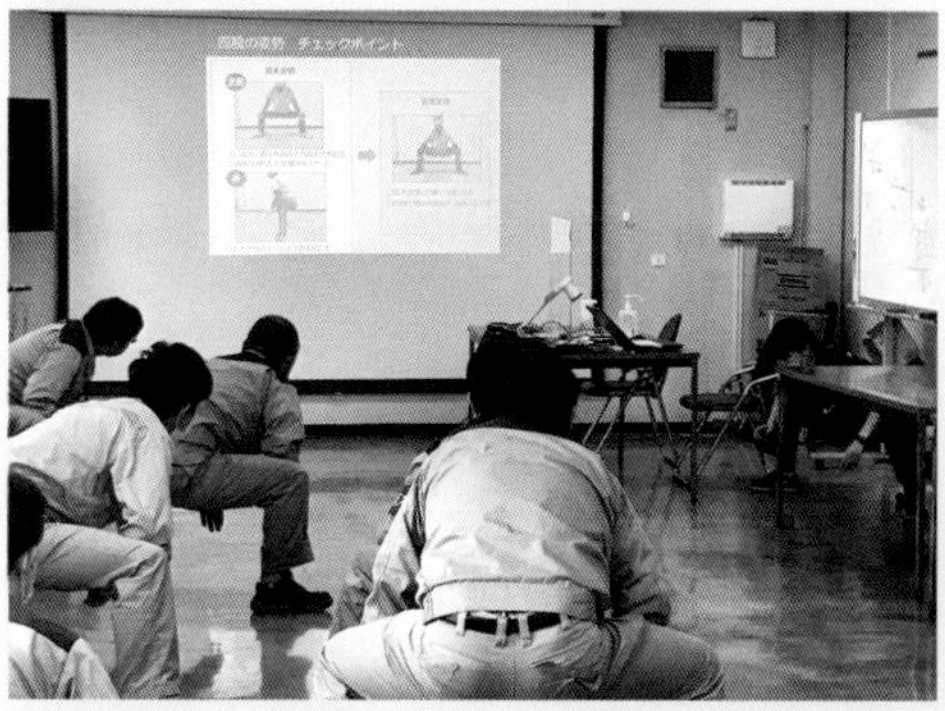

西日本製鉄所では作業前の朝礼時、交代勤務時、会議前にアクティブ体操をする（上・右・左）

地域の小学校にも無償でアクティブ体操の中身を提供

新人研修の風景

東芝インフラシステムズ株式会社 社会システム事業部

転倒災害防止部門 シルバー賞

SAFEコンソーシアム AWARDS 2023年度

エイジフレンドリー部門 銅賞

SAFEコンソーシアム AWARDS 2023年度

現場作業員の声を集めた200件の安全対策で過去7年間無災害

	〒212-0013　神奈川県川崎市幸区堀川町72-34
法人データ	【主な業務】建設業 【従業員数】17,700人（2024年3月末） 【定年】60歳
	【継続雇用制度】希望対象者を65歳まで再雇用 【継続雇用労働者数】450人 【最高年齢者】非公表

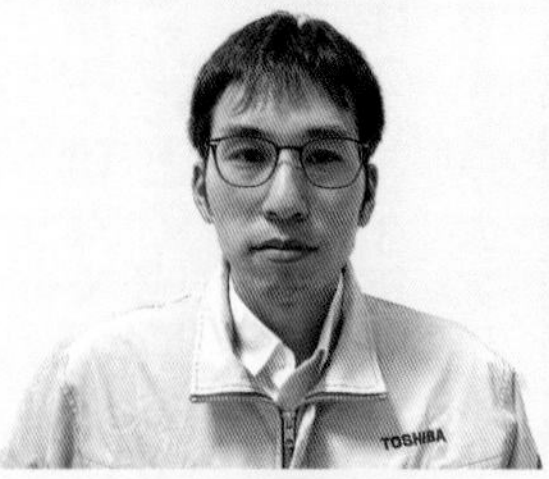

本社社会システム事業部
建設第一部
建設技術第三担当主務
小野《おの》 正樹《まさき》さん

東北支社社会システム事業部
東日本制御システム技術部
建設技術担当工事担当
瀬川《せがわ》 徹《とおる》さん

※1：小野さんは昨年度まで東北支社に勤務。瀬川さんは現在も東北支社に勤務中。
※2：現場の統括責任者。建設業でいう現場監督で、この下に施工業者などが入る。

リスクを「歩行中」「施工中」「維持管理中」の3つに分類

上下水や汚泥処理等の水関連、電気の安定供給のための電源システム関連、高速道路の施設設備や交通管制を担う道路関連など、社会インフラにかかわるさまざまな事業を手がける東芝インフラシステムズ株式会社の社会システム事業部。

同部署の作業現場の安全対策は、中堅社員で本社建設第一部建設技術第三担当主務の小野正樹さんと、ベテラン社員で東北支社東日本制御システム技術部建設技術担当工事担当の瀬川徹さんの〝東北支社コンビ〟※1が主導役を担う「現場が主体となった取り組み」です。

写真1：各作業現場で行われている安全対策の検討会

小野さんと瀬川さんは最初に、現場作業員の安全リスクを「歩行中」「施工中」「維持管理中」の3局面に分けて整理。そのうえで、東北支社が施工現場で続けている「安全衛生パトロール」で社内に蓄積された細かな工夫や知見、改善例を参考にしながら、全社的に横展開を図れる安全策を策定・実施してきました。

高年齢作業員に向けた工夫の一つに、「歩行中」の滑落・つまずき防止策「階段の段数表示」があります（写真2）。瀬川さんは現場代理人※2とし

写真2：特に高年齢作業員に対して効果を発揮するのは、階段数の明示と数えながらの降下の奨励

写真3 臭気の強い現場には屋外排気ダクトを設置。廃棄口に吹き流しなどを付けることで、遠くからでも一目でわかり、近づかないようにする

て作業員の声に耳を傾けるなか、「階段が終わりだと思ったら、もう一段あったときのガクン！という衝撃が膝に来る」という、高年齢作業員ならではの悩みに気づきます。それを小野さんと共有、編み出した工夫が、「降りる直前の段数表示と、降りた段数を把握するための各段の表示」です。

これにより、何段降りたかを途中で誤認識する危険が格段に減り、踏み外しによる転倒や滑落、つまずき、けが（捻挫等）の防止につながりました。

はしごの滑り止めの両端に蛍光テープ貼り視認性向上

もう一つ、エイジフレンドリーだと思われる工夫が、「施工中」における、「はしごに貼る滑り止めテープの左右両端に貼った蛍光テープ」です（**写真4**）。

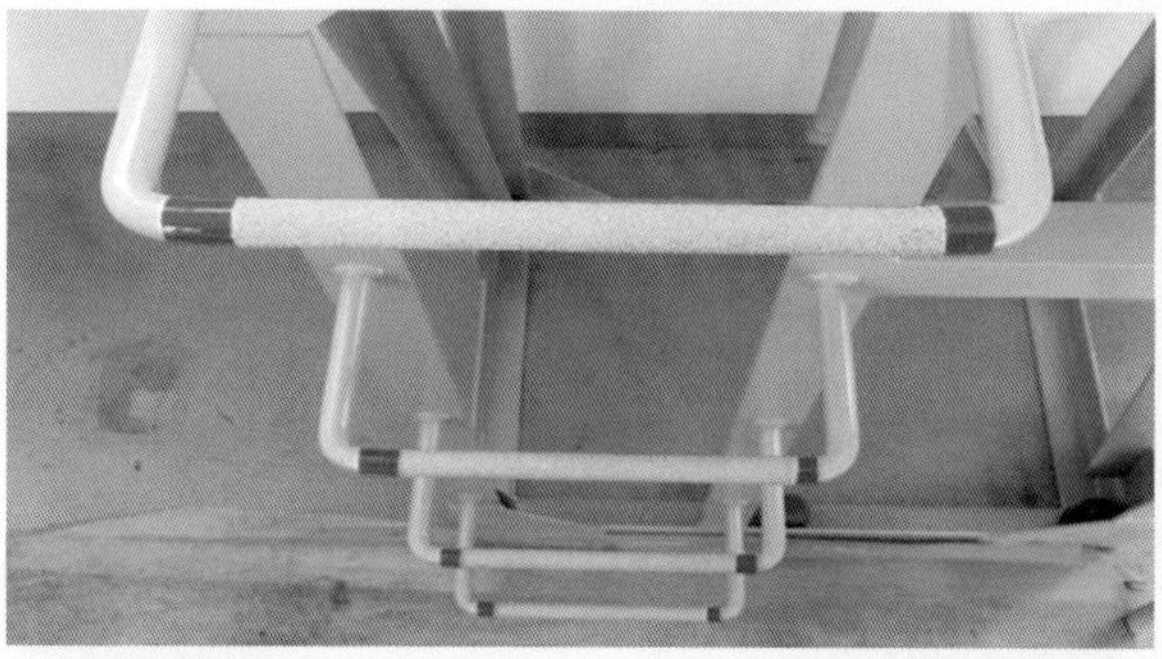
写真4 昇降設備のステップ部に滑り止めテープを貼り付けることで、高年齢作業員の踏み外しなどを防ぐ

「作業現場は最初から安全対策が万全であるわけではない。作業部隊から見て、『ここはこうなっているほうがいい』と、あとから加える工夫もあります。滑り止めテープはその一つですが、高年齢作業員の安全を考えて、両端にさらに蛍光テープを貼りました。これにより、滑り止めがある範囲が明確になります」（小野さん）

眼の衰えは、高年齢になって初めて「これほどとは！」とわかるもの。暗いなかで物を見分けるのも難しくなるし、夜間に車を運転していて雨でも降ろうものなら本当に見えづらくなる。その意味で、蛍光テープなどの目立つ色で視認性を高めることは、エイジフレンドリーな職場づくりを進めるうえで基本の対策だと言います。

他方、**写真6**は「維持管理中」の作業向けに、床配管の支持材の角に黄色い緩衝材を付けた安全策で、視認性向上と接触時の衝撃緩和を同時に行うための工夫。黄色の選定は現場で集めた高年齢作業員の声や実感に即している点が、同事業部の取り組みの特徴です。

「我々は、2022年に終了した厚生労働省の『〝見える〟安全活動コンクール』にも応募していました。そのころから、安全衛生パトロールのほかに、現場の休憩中などに作業員の方々と積極的に会話するようにしていて、そこから発想を得た安全対策上の工夫が多々あります」（瀬川さん）

写真5：屋外配電盤の周囲が土の場合、雨などでぬかるんで転倒につながることから、基礎部分に鋼材歩廊を設置

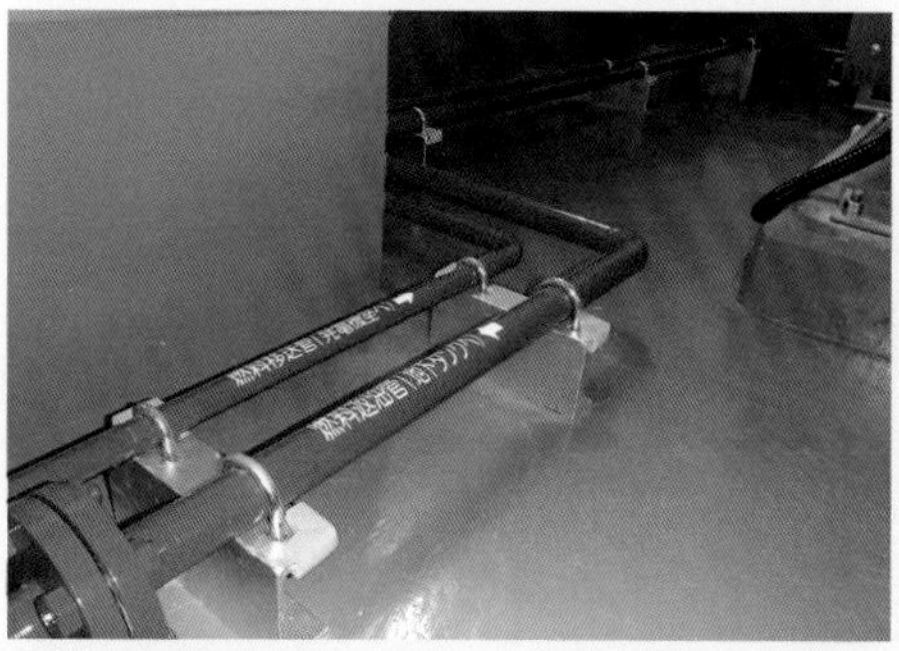
写真6：歩行中のケガにつながりやすい配管支持材には、黄色のクッション材を取り付けている

「現場の作業員の方々からの声が、やはり一番深い。その点、瀬川さんのようなベテランの現場代理人は高年齢作業員の方々とも話が弾むと思うので、すごくありがたい存在です」（小野さん）

東北支社の取り組みを全社的な横展開へ

これまで実行してきた安全対策は、2020年からの3年間だけで200件に上り、2023年度SAFEコンソーシアムアワードのエイジフレンドリー部門で銅賞を受賞しました。

「安全に一日を終えて帰宅してもらうことが一番大事」との瀬川さんの言葉どおり、安全な職場づくりは年齢層を超えた社内共通のテーマ。今回の受賞に対し、同社本社の安全担当課が好感し、社内広報誌にその旨を掲載。社内他部署へも、東北支社のやり方・考え方を広げようとしています。

小野さんと瀬川さんによれば、「東北支社管内は過去7年間無災害」とのことで、その事実が物語る取り組み効果は、同社全体の安全対策をもう一段上の高みに持っていきそうです。

株式会社サッポロライオン 人事総務部

「シニアの健康チェック」が好結果生む アルバイトスタッフも対象に

エイジフレンドリー部門 ゴールド賞

SAFEコンソーシアム AWARDS 2023年度

人事総務部
武川《むかわ》 知恵《ともえ》さん

〒104-0061　東京都中央区銀座7-9-20

法人データ	【主な業務】飲食業	【継続雇用制度】再雇用は65歳まで
	【従業員数】約3,000人（2023年12月末）	【継続雇用労働者数】40人
	【定年】満60歳	【最高年齢者】パートアルバイト78歳 男性

新人に多かった労災がシニア世代でも増加

1899年（明治32年）に、のちの銀座8丁目（東京都中央区）に「恵比壽ビヤホール」の名前で日本初のビヤホールを開店以来、多くの紳士淑女から愛されてきたサッポロライオン。現在は銀座ライオンを筆頭ブランドに、北は宮城県仙台市から南は福岡県福岡市博多区まで、お酒を絡めた30業態の飲食店を展開しています。

従業員は社員約500人、アルバイトスタッフ2300～2400人の計3000人弱。社員の勤続年数は平均15・5年、福利厚生などが充実しているため外食産業として比較的長く、アルバイトスタッフを含めた50歳以上の従業員比率も高いそうです。

同社は2018年～2023年健康経営優良法人に認定（2018～2020年、3年連続ホワイト500）されており、2018年度さらに、2023年度SAFEコンソーシアムアワードではエイジフレンドリー部門で金賞を受賞。その要因となった取り組み「シニアの健康チェック」を始めたきっかけは、月例の社内衛生委員会で、「業務に不慣れな新人や若年従業員に労働災害が多い傾向があったが、最近はシニア世代にも増えてきた印象がある」との意見が出たことでした。

人事総務部はこの気づきを発展させ、「コロナ禍以降、外食産業に入ってくる労働者は減っており、今、頑張ってくれているスタッフがもっと安全に、いきいきと働ける職場環境にしよう」との方針を策定。2022年から60～65歳の定年再雇用正社員40人を対象に、産業医および保健師による「健康チェックとフォローアップ」を開始します。

この取り組みの内容は毎年の定期健診に加え、誕生月に保健師が直接あるいはリモートで個人面談を行うというものです。

同社は全国96店舗を展開しているので、オンラインでの健康チェックも多いが、直接面談を増やしたいと言う保健師の山下眞理子さん

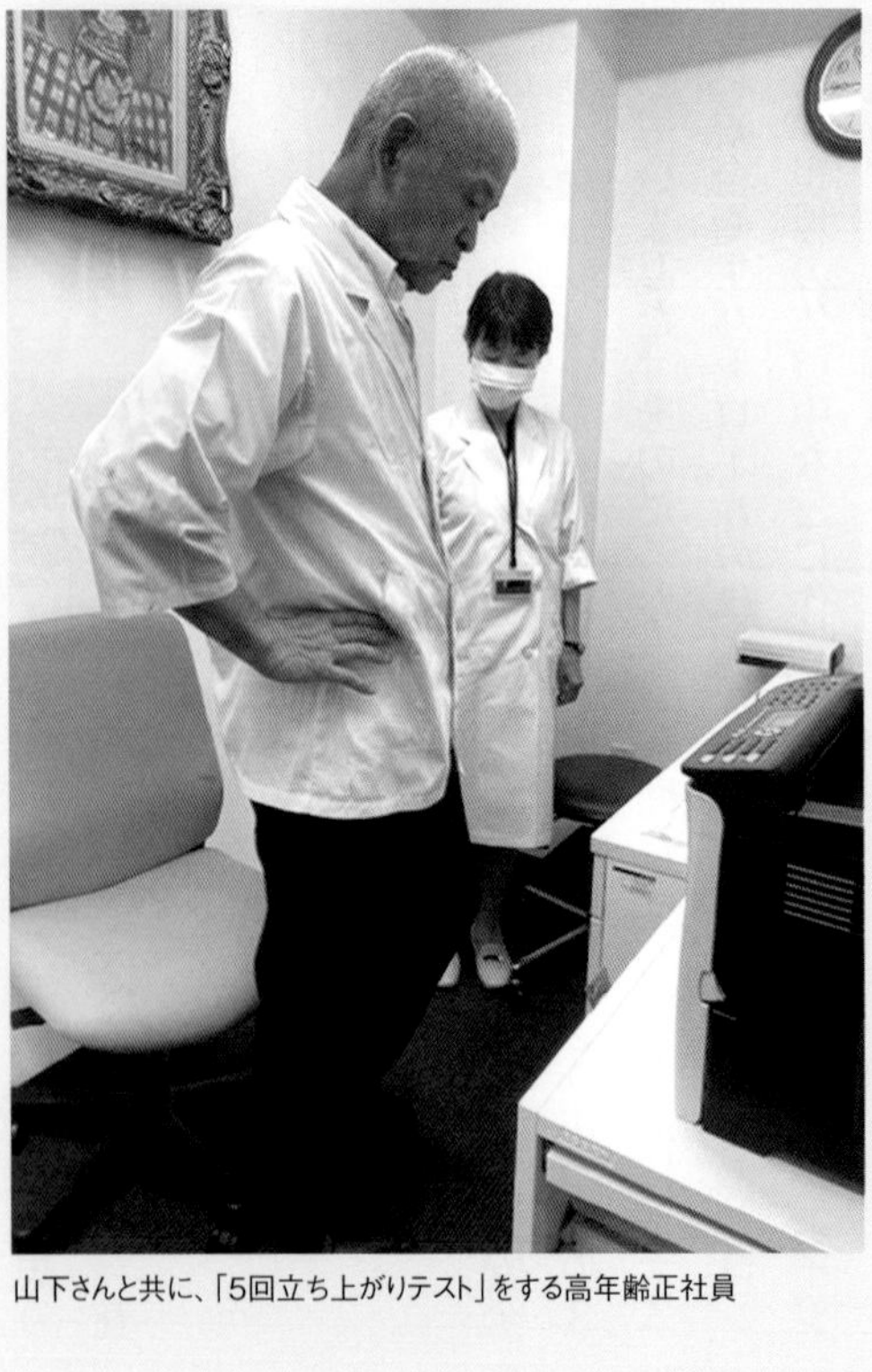

山下さんと共に、「5回立ち上がりテスト」をする高年齢正社員

調理担当者は重い鍋を振ることが多いので、健康チェックでは肘や手首、肩の状態もヒアリングする

初年度から高年齢40人全員が健康チェックを受ける

「始めるにあたっては、人事総務部から各店舗の支配人に、『現場で働く高年齢の方々に何か変化はないですか。注意力が欠けてきていませんか』といった具合に声がけし、所属長から直接、その意図も含めて伝えてもらいました。40人の該当者全員に取り組んでいただけました」と、人事総務部の武川知恵さんは説明します。

面談では、定期健診の結果とその後（要精密検査と判定されてから受診したかなど）を確認し、現在の健康状態や自覚症状などをヒアリング。必要に応じて産業医にリファー（紹介）します。面談の際には「開眼片足立ちテスト」と「5回立ち上がりテスト」を実施し、肘や手首、肩など上半身の状態についてもヒアリングします。

「特に調理職のスタッフは重い鍋を取り扱うことも多いですから」と、保健師の山下眞理子さん。保健師の立場からは、「できれば直接対面形式でチェックできる方を増やしたい」との希望もあります。

「リモートでの健康チェックでは、たとえば、5回片足立ちができたとしても、途中でふらつかなかったか、どの程度ふらついたかなど詳細に見えないのが難点」とのこと。

同社は現在、全国に96店舗を展開。その全てを巡回することは現実的に難しいとしても、回れる範囲の店舗でリアルの面談を行うだけでも、取り組みの効果は増しそうです。

体力づくり意識が高まり労災件数も減少

同社の取り組みは、初年度こそ目立った反響はなかったものの、翌年度には「スポーツクラブに通い始めました！」や「片足立ち頑張ってます！」といった声がシニア層から上がるように。山下さんも実施後、体力づくりへの意識の変化を感じています。実際、その成果は労働災害件数の減少という形で表れています（図表）。

「会社に産業医や保健師がいることすら知らなかった人たちが、取り組みを通じてその存在を知ったり、山下さんと面談することで『会社が自分の健康状態を気にかけてくれている』と感じるようになった点が大きいと思います」（武川さん）

この流れを受けて同社では今年度から、正社員の労働時間の3分の2以上の時間勤務する社会保険適用の60～65歳のアルバイトスタッフ約20人と、雇用条件の定めがない65歳以上のパートアルバイト約90人もその対象に加える予定で準備を進めています。

同社は外食産業のなかで、従業員の勤続年数も長く、平均年齢も高いのが特徴

同社の象徴的店舗である銀座ライオン店内。日本最古のビヤホール

図表　サッポロライオンの労災件数推移

年度	1月	2月	3月	4月	5月	6月	7月	8月	9月	10月	11月	12月	年間
2024年度	2	3	3	6									14
2023年度	2	3	2	2	5	3	3	5	2	4	3	2	36
2022年度	1	1	0	7	4	0	2	3	2	1	3	5	29
2021年度	0	0	2	3	2	1	3	0	1	3	4	6	25
2020年度	2	2	5	1	0	2	3	3	6	2	4	3	33
2019年度	2	4	4	5	5	3	10	5	6	6	4	8	62
2018年度	3	6	4	9	4	10	6	11	5	8	12	2	80

特に女性は加齢とともに骨折リスクが増大

「骨粗しょう症」検診のススメ

パート3では、高年齢になるほど増加している「転倒↓骨折」災害に直結しやすい「骨粗しょう症」とその検診にフォーカス。同検診は2008年度から各自治体の努力義務となり、無料または低額で受けられるのですが、受診率はいまだ5%台にとどまっています。

図表1　骨粗しょう症検診について

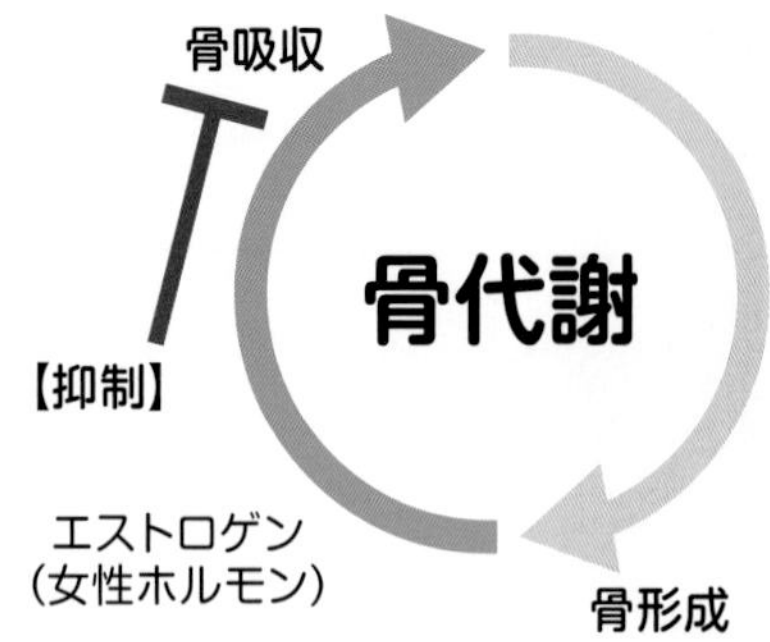

<健康増進法第 19 条の 2 に基づく骨粗鬆症検診>

(1) 目的：骨粗鬆症は骨折等の基礎疾患となり、高齢社会の進展によりその増加が予想されることから、早期に骨量減少者を発見し、骨粗鬆症を予防することを目的とする。

(2) **対象者：当該市町村の区域内に居住地を有する 40 歳、45 歳、50 歳、55 歳、60 歳、65 歳及び 70 歳の女性を対象とする。**

(3) 骨粗鬆症検診の実施
① 検診項目
ア 問診：運動習慣、食生活の内容等を聴取する。
イ 骨量測定：CXD 法、DIP 法、SXA 法、DXA 法、pQCT 法又は超音波法等により実施する。
② 実施回数：原則として同一人について年 1 回行う。

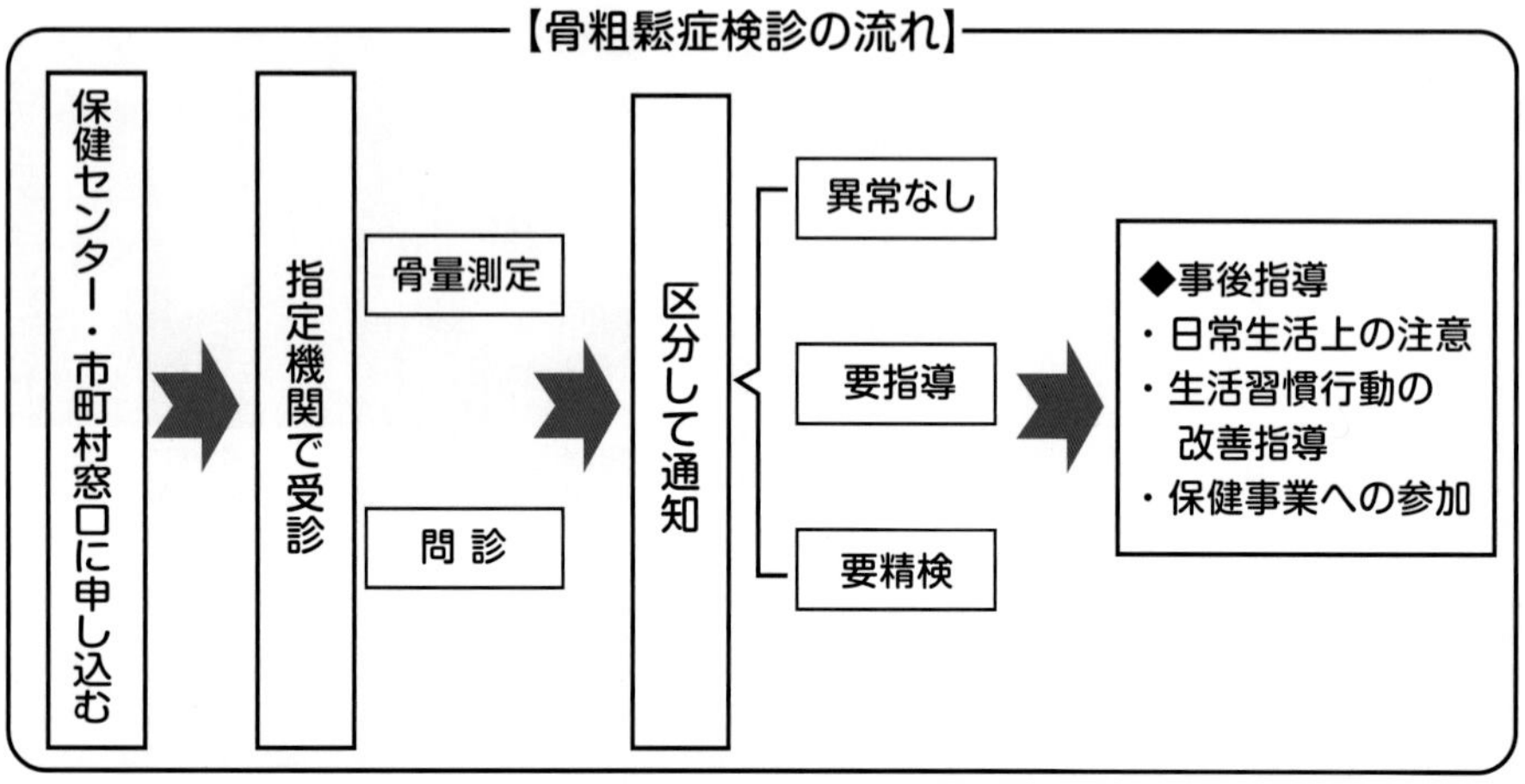

骨粗しょう症の原因と高齢女性に多い訳

骨粗しょう症は、骨の代謝バランスが崩れ、骨形成よりも骨吸収が上回る状態が続き、骨がもろくなり骨折しやすくなる病気です。

骨は骨芽細胞により形成されると同時に、破骨細胞により吸収されており、常に新しくつくり直される新陳代謝（リモデリング）を繰り返します。通常は骨吸収と骨形成のバランスが保たれていますが、これが崩れて骨吸収が上回る状態が続くと、骨量が減少し骨が弱くなり容易に骨折するようになります。

© yamamen – stock.adobe.com

原因は、骨を形成するカルシウムやマグネシウムの不足と、カルシウム吸収に必要なビタミンDなどのビタミンがバランスよくとれていないこと。また、適度な運動によって骨に一定以上の負荷をかけなければ、骨形成におけるカルシウムの利用効率が悪くなるので、運動不足も骨粗しょう症の要因となります。

一般に高齢女性の発症リスクが高く、その原因は閉経後、骨芽細胞の働きを活発にする女性ホルモンのエストロゲンが激減するためとされています。大豆などに含まれるイソフラボンは、エストロゲンに似た働きをしてその減少を補い、骨粗しょう症の予防・改善に効果があると考えられています。

© buritora – stock.adobe.com

自治体による骨粗しょう症検診の事例――東京都練馬区の場合

練馬区では例年、5月から翌年3月31日までの間、区内在住の40、45、50、55、60、65、70歳の女性（年齢は各年、検診最終日の3月31日時点）を対象に、自己負担金500円（免除制度あり）で骨粗しょう症検診を実施しています。

検査内容は問診、身体測定、骨密度検査。場所は区内79カ所の医療機関。受診者は検診結果に応じて、食事や運動習慣など骨粗しょう症予防のポイントを学べる講座の受講などができます。

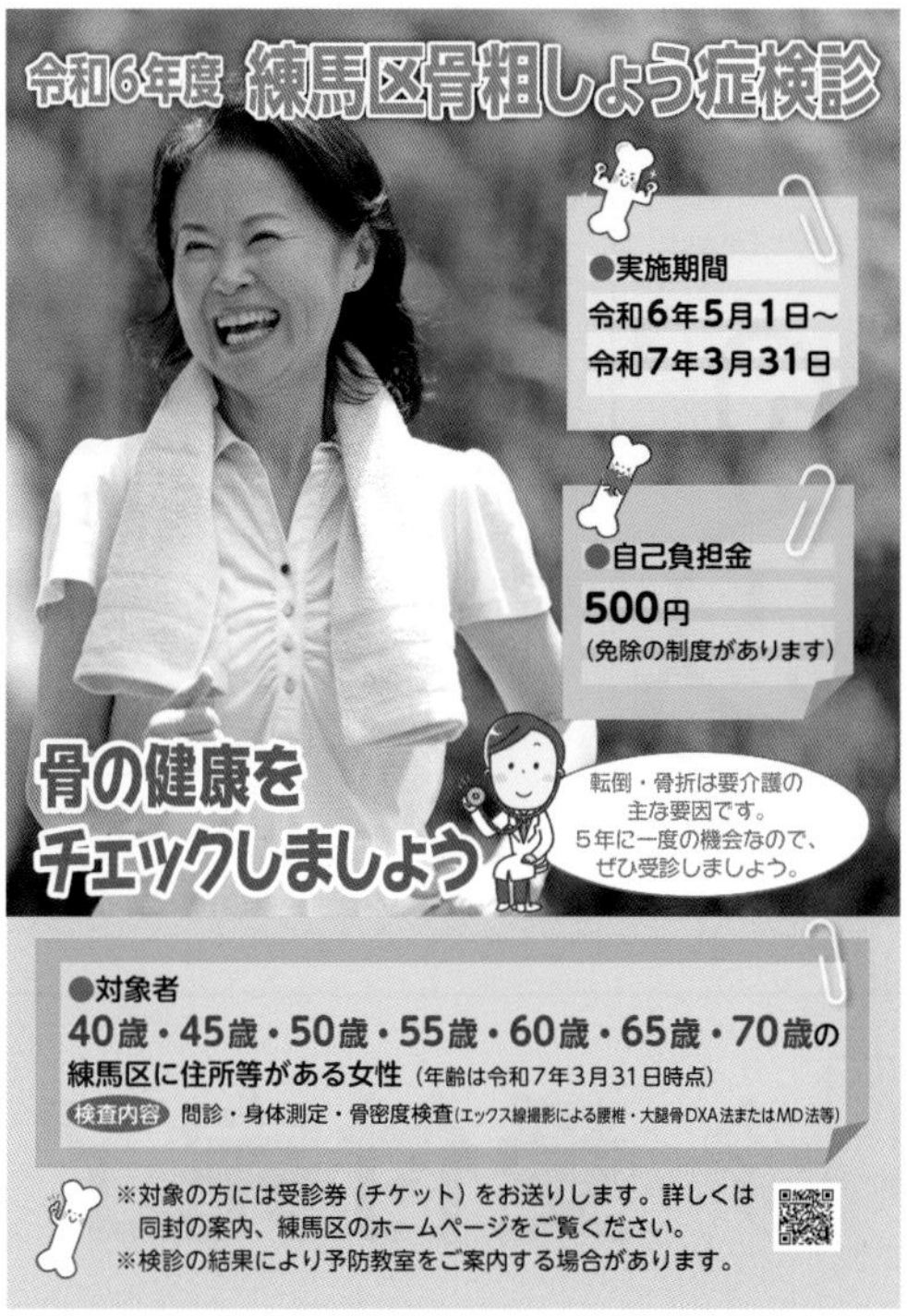

練馬区の骨粗しょう症検診担当者の声

「女性は、女性ホルモンの影響で骨粗しょう症を発症しやすく、発症した方の約75%が女性と言われています。健康に過ごすために、早期発見で発症や悪化を防ぐことが大切です。5年に1度の検診ですので、ぜひ、この機会を逃さず受診していただければと思います」

（練馬区健康推進課成人保健係）

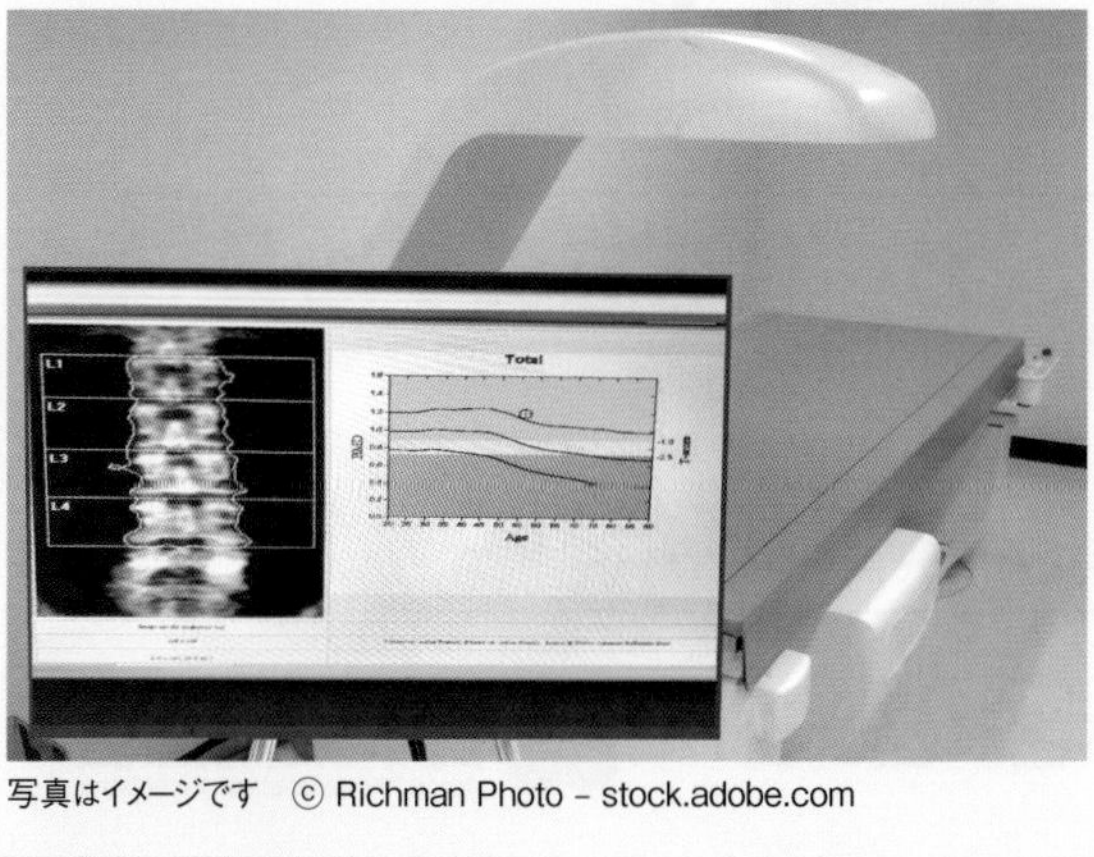

写真はイメージです ©Richman Photo – stock.adobe.com

図表2 健康日本21（第三次）骨粗しょう症検診の目標

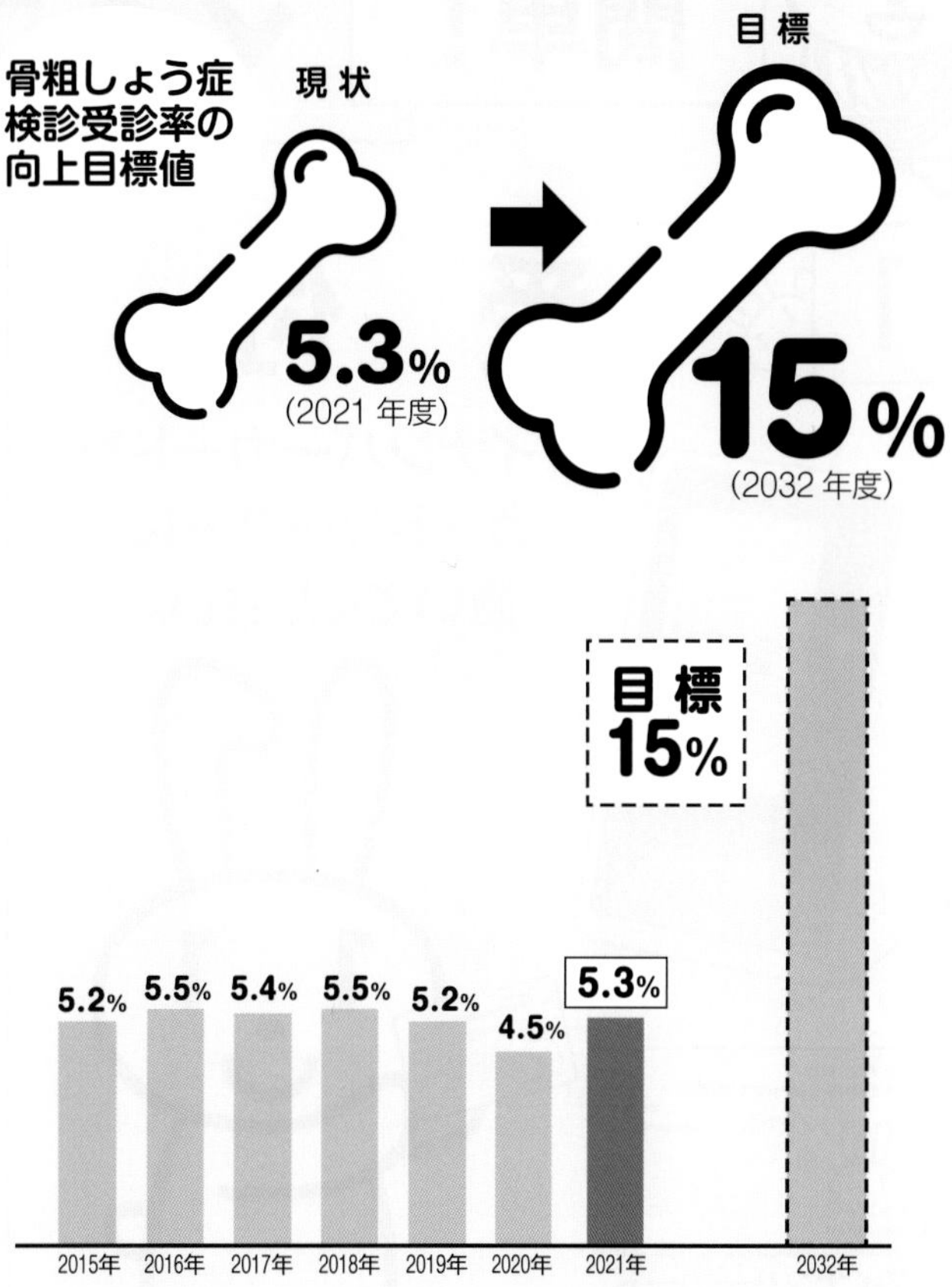

検診受診率を8年後に10%増にするのが目標

日本では、2003年施行の「健康増進法」に基づき、2008年に骨粗しょう症検診が市区町村の努力義務となりました（**図表1、左上写真は東京都練馬区の例**）。それにより、女性であれば40歳から5歳ごとに70歳まで、無料または低額で検診を受けられます。

ただ、骨粗しょう症自体に自覚症状がないこともあって、検診受診への切実感は希薄になりがちのようです。公益財団法人骨粗鬆症財団の調査によると、全国の検診受診率は低調に推移し、2021年度は全国平均5・3%にとどまっています。

そのため、厚生労働省は、今年度から2035年度までの「第5次国民健康づくり運動（健康日本21（第三次））」において、女性に関する項目を新設。骨粗しょう症検診受診率を2032年度に、10%増の15%にする目標を掲げています。

女性の皆さん、日頃から骨の健康をチェックし、骨粗しょう症にならないようにするため、ぜひ一度、骨粗しょう症検診を受けてみてはいかがでしょうか。まずは、地元でどのように実施されているのか、お住まいの自治体に問い合わせ確認してください。

とっても簡単！マイナンバーカード

1 受付

マイナンバーカードを
カードリーダーに
置いてください。

マイナンバーカードを
置いてください
マイナンバーカード

2 本人確認

顔認証または
4桁の暗証番号を入力してください。

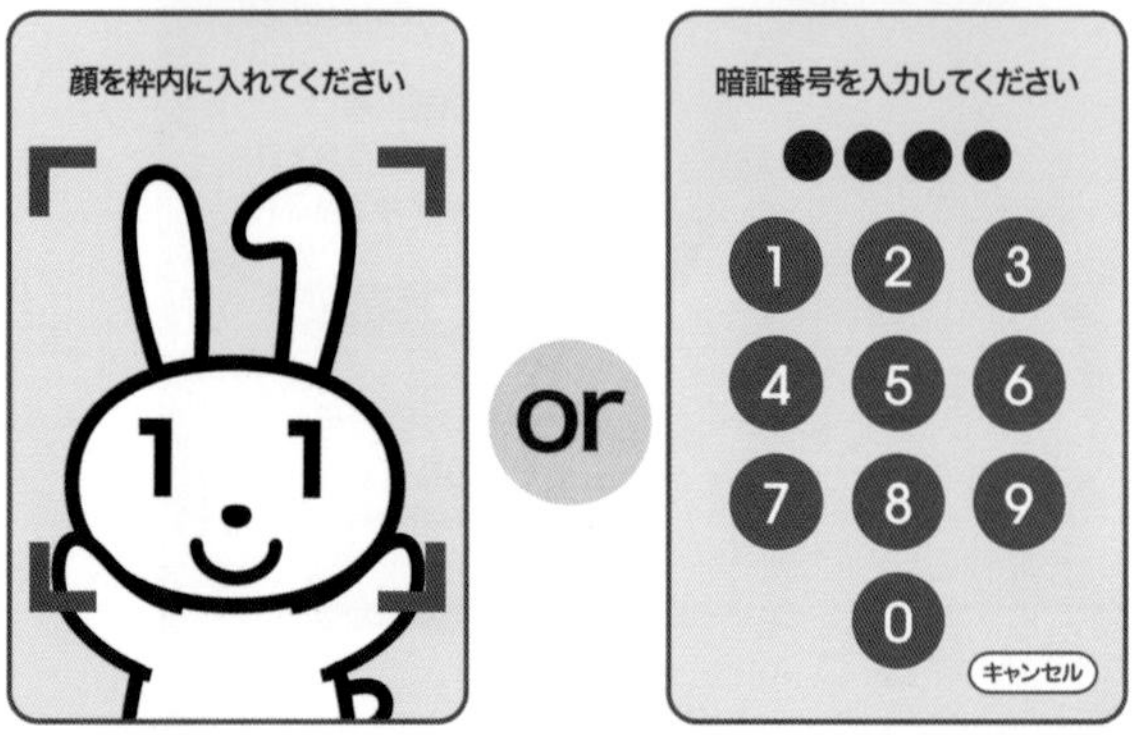
顔認証
顔を枠内に入れてください
or
暗証番号
暗証番号を入力してください
1 2 3
4 5 6
7 8 9
0
キャンセル

3 同意の確認

診察室等での診療・服薬・健診情報の
利用について確認してください。

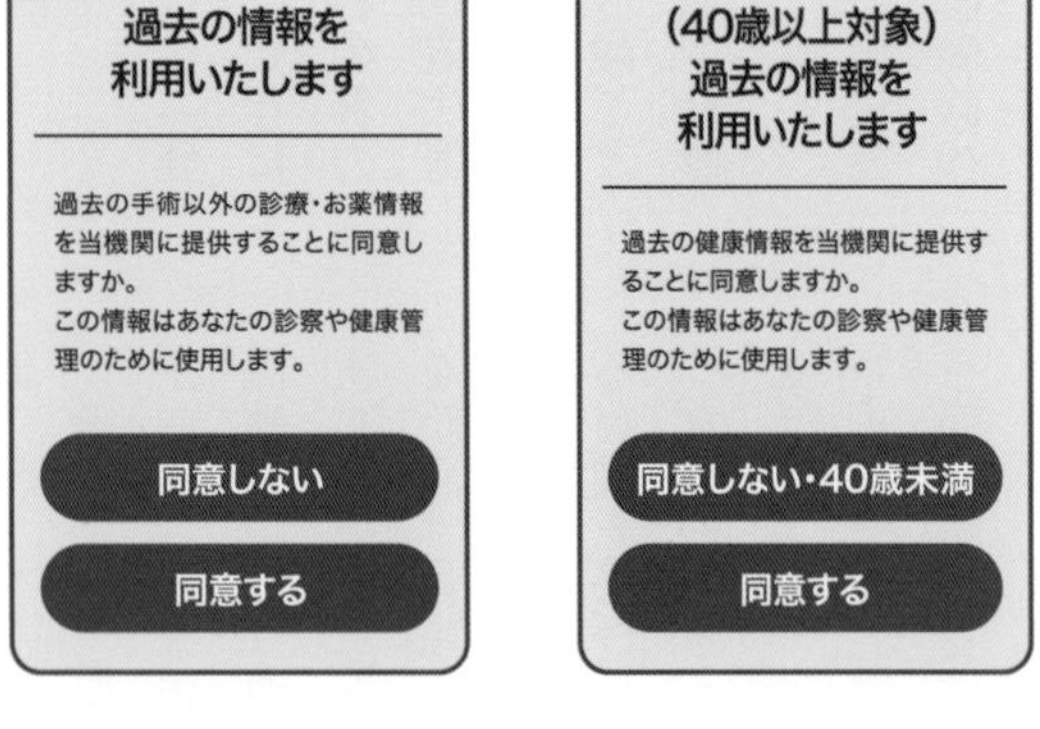
過去の情報を
利用いたします
過去の手術以外の診療・お薬情報を当機関に提供することに同意しますか。
この情報はあなたの診察や健康管理のために使用します。
同意しない
同意する
(40歳以上対象)
過去の情報を
利用いたします
過去の健康情報を当機関に提供することに同意しますか。
この情報はあなたの診察や健康管理のために使用します。
同意しない・40歳未満
同意する

※高額療養費制度をご利用される方は、続けて確認・選択をお願いします。

4 受付完了

お呼びするまでお待ちください。

カードを忘れずに！

医療DXを通じた質の高い医療の提供にご協力ください。

ひと、くらし、みらいのために
厚生労働省
Ministry of Health, Labour and Welfare
JMA 日本医師会
Japan Medical Association
日本歯科医師会
公益社団法人
日本薬剤師会
Japan Pharmaceutical Association

いま、梅毒《ばいどく》が急拡大していることをご存知ですか？

梅毒《ばいどく》を放置すると あなたがきっかけで 大切な人も感染する 可能性があります

- 性的接触があれば、誰でも感染する可能性があります。
  セックスや、キスでもうつる感染症です。
- 感染すると、性器や口の中に小豆から指先くらいの大きさのしこりや痛みの少ないただれができ、手のひらや足の裏など、体中に痛みやかゆみのない発しんが広がります。無症状の場合もあります。
- 放置すると、心臓・血管・脳などに病変が生じ、障害が残る可能性があります。

不安に思ったら検査を

保健所や医療機関で
検査を受けられます。
梅毒の検査は血液検査です。

保健所

病院・診療所

ひと、くらし、みらいのために
厚生労働省
Ministry of Health, Labour and Welfare

詳細はこちら

性感染症　厚生労働省　検索

特別座談会　感染症危機管理専門家（IDES）

コロナ危機を越えて安心の未来へ

2020年以降、世界中で新型コロナウイルス感染症が流行し、日本をはじめ各国がその対応に追われました。新型コロナパンデミックのなかで、その存在が注目されたのが、厚生労働省が中心となり2015年から養成している、国際的な感染症の危機管理オペレーションを行う「感染症危機管理専門家（IDES）」。同感染症が5類感染症になってから1年が過ぎた今、その存在意義と活躍について、IDES生（修了生・現役生）に語り合ってもらいました。

IDES（アイデス）って何ですか？

杉原●IDESは、Infectious Disease Emergency Specialistの略称で、「感染症危機管理専門家」のことをいいます。IDESは、厚生労働省が運営する約2年の研修プログラムによって感染症危機管理の専門家を養成するもので、2015年に私はプログラム第1期生として参加しました。

IDESに参加するきっかけについて教えてください

川並●私はIDES10期生の研修1年目となります。以前は脳神経外科医として臨床に従事してきましたが、現在は厚生労働省で感染症対策や危機管理計画、自治体や医療機関との連携業務に携わらせていただいています。今後は、検疫所、国立感染症研究所、国立国際医療研究センターで研修し、2年目は海外の感染症危機管理関連機関で国内との比較をしつつ感染症危機管理を学ぶ予定です。

松平●私はIDES養成プログラムの9期生で、以前は離島における総合診療と保健所勤務に就いていました。プログラムでは臨床現場で得ら

杉原 淳
厚生労働省 感染症対策部感染症対策課
エイズ対策推進室長／結核対策推進室長
ＩＤＥＳ養成プログラム１期生

船木孝則
国立感染症研究所 研究企画調整センター
第一室長
ＩＤＥＳ養成プログラム２期生

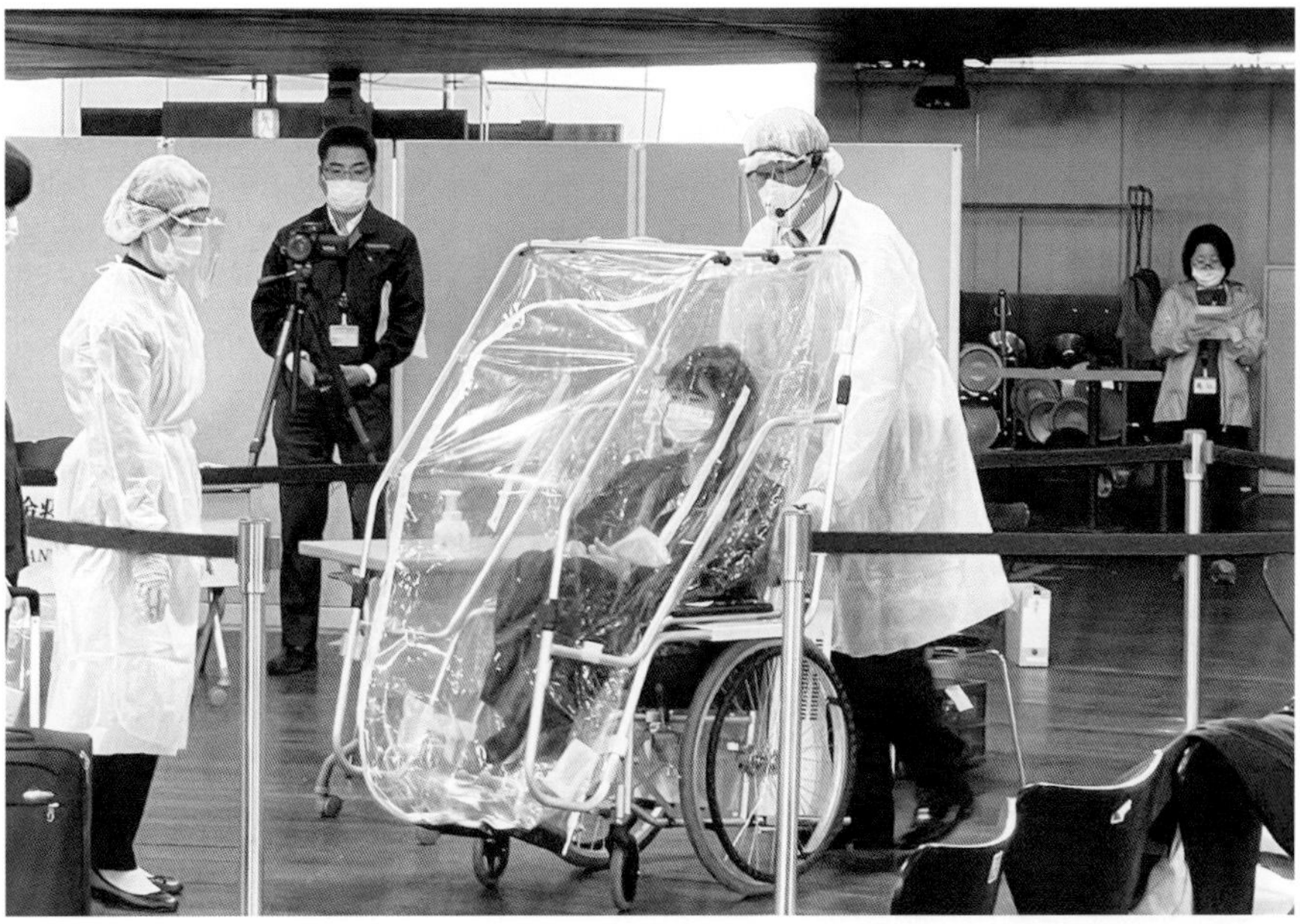

横浜検疫所における新型インフルエンザ疑いの患者対応訓練

れなかった知識と経験を身につけながら、さまざまな専門分野やキャリアの人との出会い、つながる機会に恵まれた場であることを実感しています。

船木●確かに、このプログラムには、幅広い専門領域の専門家、行政機関の方々とつながり、意見を交わしながら、「日本の感染症危機管理をさまざまな立場で支えていく」という志を持った人が参加されています。私の場合は小児科＋感染症科というバックグラウンドですが、同期には総合内科、血液内科、産婦人科などの専門家もいて、新たな時代に向け、幅広い力を備えたＩＤＥＳが必要とされていることを実感しました。

日尾野●私も小児科のバックグラウンドからＩＤＥＳをめざしました。水痘ワクチンの定期接種化後、こどもの入院数が劇的に減ったことを目の当たりにした経験が、公衆衛生政策や感染症危機管理に大きな関心を抱くきっかけになりました。

ＩＤＥＳの社会的役割は何ですか？

杉原●近年、国境を越えた往来の増加、都市の過密化、行動様式の多様化など、さまざまな要因により新型コロナウイルスや新型インフルエンザなどの新興・再興感染症が出現し、人々の健康に対する世界的な脅威となっています。こうした、国際的な脅威となる感染症に対する危機管理には、感染症に関する臨床経験や疫学知識のみならず、行政マネジメント能力、国際的な調整能力など、総合的な知識と能力が求められます。同時に、国民の生命と健康を新興・再興感染症から守るためには、こうした知識と能力を有する人材を継続的に育成し、国内外で活躍していただくことが不可欠です。

ＩＤＥＳとして活動するなかで最も印象に残っている出来事は？

松平●能登半島地震の被災地での活動です。「医療アクセスが乏しく、感染症対策のリソースが少ない場所でどのような感染症対策を実施するべきか？」「集団発生はどこで、どのように起こっているのか？」などについて、国立感染症研究所や日本環境感染学会と連携し、今後の災害対策に活かせる危機管理計画を実行できたことは、感染症に限らず健康危機管理の今後を考えていくうえで、有意義な経験でした。

国立国際医療研究センター
企画戦略局 研究員
IDES養成プログラム7期生
日尾野宏美

厚生労働省
感染症対策部感染症対策課
IDES養成プログラム9期生
松平 慶

横浜検疫所での研修

船木●新型コロナウイルス感染症が中国で急拡大した2020年1月。武漢にいる日本人およそ700人の退避計画実行に携わったことです。未曾有の事態に対して、「どのような感染症対策を行い、日本への帰国を支援するのか？」ということを医療、行政、国際情勢などさまざまな観点から検討し、関係機関と連携して感染拡大を防ぐためIDESとして貢献できたことは、今後、いつでも発生しうる感染症危機管理対応事案に対して、世界的な視点をもって実行していくうえで貴重な体験でした。

日尾野●コロナ禍で、臨床現場では学ぶことのできない行政対応についてon the jobで習得できたことです。感染症分野で日本をけん引している専門家の方々と協働で、国際的に脅威となる感染症の危機管理対応に取り組んだ経験は、医師人生においてもかけがえのない財産となりました。また、米国の国立新興特殊病原体研修・教育センターでの実務研修を通じて、日本の感染症危機管理に有益な国際情勢や管理体制について学んだ経験も、ぜひ国内の医療政策や臨床の場で活かしていきたいと思います。

川並●4月から5月にかけて開催さ

厚生労働省
感染症対策部感染症対策課
IDES養成プログラム10期生
川並麗奈

司会
厚生労働省
感染症対策部感染症対策課
課長補佐
岡　邦子

れたFETP（実地疫学）研修では感染症のアウトブレイク時にどのように感染拡大を食い止めるか、座学やワークショップを通して学ぶことができました。また、全国各地で公衆衛生業務を行っている方々ともつながる機会になりました。

IDESとして今後の目標を教えてください

松平●国内でのへき地、特に離島医療・保健経験をベースに、感染症対策のリソースが限られた国内外の地域社会に貢献していきたいと考えています。そもそも日本自体が島国のため、IDESをはじめとする取り組みは、離島やへき地の医療・公衆衛生活動においても大いに参考にできる部分が多いと感じています。

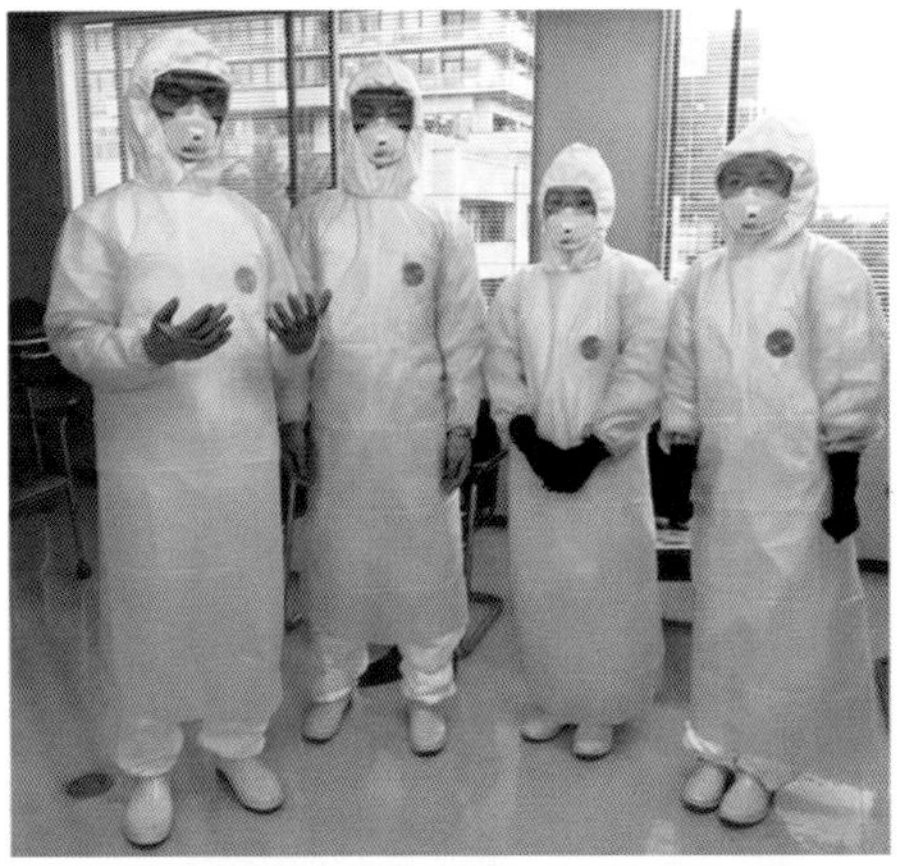

検疫業務の実務研修

船木●一つは、小児科と感染症科に関する臨床・研究経験を活かしつつ、こどもや妊婦、障害を持つ人の視点を常に持ち合わせたIDESとして活動を継続すること。もう一つは、IDESの存在や取り組みを広く知っていただくこと。そして、志の高い仲間と一緒に日本の感染症危機対策に貢献したいと考えています。

日尾野●私も臨床医としての経験に加え、コロナ禍における行政業務を通じて得たネットワークと調整力を活かし、多彩なジャンルの専門家と行政、国民の皆さまとの橋渡しのような役割を担い、日本の感染症対策に貢献していきたいと考えています。

川並●公衆衛生行政の業務は初めてですが、まずは仕事に慣れ、将来の感染症危機時に貢献できる人材となれるように精進します。将来的にはIDESとしての知識・経験を活かし、紛争などの理由で増え続ける移民・難民の健康問題にも関心があり、グローバル化が進む社会ならではの問題にも取り組んでいけたらと考えています。

岡●将来、起こり得る感染症危機に向けて、平時から準備を進めておくことが何よりも大切です。厚生労働省ではIDESをはじめとする人材育成に取り組んでいますが、国際機関や諸外国と強固に連携・協力できる体制の構築により、感染症への対応力を強化し、日本はもとより世界の感染症対策を含む健康安全保障の進展をめざしていきたいですね。

G7神戸保健大臣会合に参加（IDES養成プログラム2期生）

TOPICS

夏を安全に楽しもう！

感染症対策ガイド

海に山にキャンプに、家族や友人と集まってワイワイするのも楽しそう。でも、油断は大敵！　夏に多く発生する感染症もあり注意が必要です。どんな感染リスクがどこに潜んでいるのか、感染予防の基本を押さえて大いに夏を楽しみましょう。

健康・生活衛生局
感染症対策部
感染症対策課
感染症情報管理室長
横田栄一

© matsu - stock.adobe.com

1

デング熱

（特徴）

熱帯や亜熱帯地域で流行している感染症。急激な発熱で発症し、発疹、頭痛、骨関節痛、嘔吐などの症状が現れます。デング熱の発生地域へ渡航する際は、虫除け剤を使用するなど蚊に刺されないようにしてください。

（感染経路）

ウイルスに感染した患者を吸血した蚊の体内でウイルスが増殖。その蚊が他者を吸血することで感染します。

アウトドアレジャーは肌の露出が少ない服装で

夏は病原体を媒介する蚊やダニの活動が活発化します。こうした害虫に刺されると、〝蚊媒介感染症〟や〝ダニ媒介感染症〟といった動物由来感染症にかかる危険性が高まります。蚊やダニが多く生息する野外に出かける時や熱帯・亜熱帯地域へ旅行する時は、事前に予防対策を行うことが大切です。

特に、急激な発熱で発症する「デング熱」「マラリア」などの〝蚊媒介感染症〟は、東南アジアやアフリカ、中南米で流行しており、感染すると命に危険が及ぶこともあります。

海外へ渡航する際は、行き先での注意点や予防接種情報などの事前チェックも忘れずにしてください。一方、国内においても、「つつが虫病」や「重症熱性血小板減少症候群（SFTS）」といった〝ダニ媒介感染症〟の発生地域に広がりがみられます。また、野生動物や沢の水を介して感染するエキノコックスにも注意が必要です。野外でレジャーを楽しむ時は、肌の露出の少ない長袖・長ズボンで、明るい色の服（マダニを目視で確認しやすい）を着用するなどして、感染症から身を守りましょう。

2 日本脳炎

（特徴）

感染後1～2週間の潜伏期を経て、突然の高熱、頭痛、嘔吐などで発病し、意識障害や麻痺等の神経系の障害を引き起こす病気です。

（感染経路）

日本脳炎ウイルスの感染による急性脳炎で、感染したブタを吸血した蚊（コガタアカイエカなど）に刺されることによりヒトに感染します。

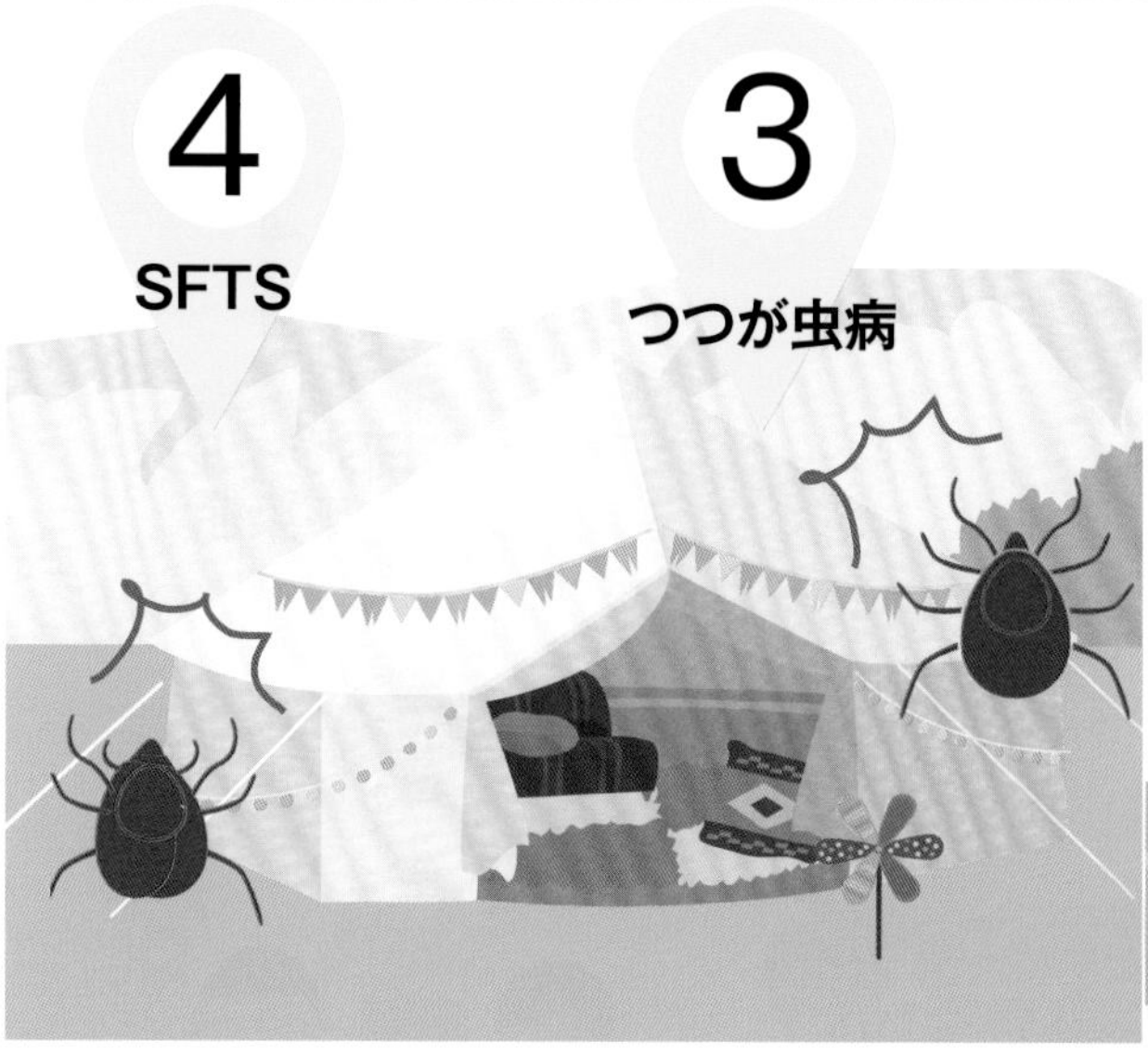

4 重症熱性血小板減少症候群（SFTS）

（特徴）

2011年以降、日本、中国、韓国、台湾、ベトナムなどで発生が確認されているダニ媒介性の感染症。主な初期症状は発熱、全身の倦怠感、消化器症状で、重症化すると命に危険が及ぶこともあります。

（感染経路）

SFTSウイルスを保有するマダニに刺されると感染します。SFTSを発症しているネコやイヌなどの動物を介してヒトが感染することもあるので、動物に咬まれたり、体液に直接触れたりした時にも注意が必要です。

3 つつが虫病

（特徴）

潜伏期は5～14日。全身の倦怠感、食欲不振とともに頭痛、悪寒、発熱などを伴って発症します。体温は段階的に上昇し、数日で40℃にも達することがあります。

（感染経路）

病原体の、つつが虫病リケッチアを保有するつつが虫に刺されて感染します。刺し口は皮膚の柔らかい隠れた部分に多く、日本では北海道を除く全国で発生がみられます。

5 エキノコックス

（特徴）

エキノコックスと呼ばれる寄生虫による感染症です。日本では北海道のキタキツネが主な感染源で、感染すると数年から十数年たって肝機能障害などの自覚症状が現れます。野外では野生のキツネやイヌに接触しない、沢や川の生水は虫卵に汚染されている可能性があるため飲まないようにしてください。

（感染経路）

キツネなどから排泄された糞中の虫卵が口から入ることで感染します。

INDOOR

1 RSウイルス感染症

（特徴）

RSウイルスによる呼吸器感染症です。生後6ヵ月以内の乳児、基礎疾患のある小児や高齢者がかかると重症化する可能性があるので、注意しましょう。

（感染経路）

主に接触感染、飛沫感染によって感染します。

2 新型コロナウイルス感染症

（特徴）

令和５年５月に感染症法上の「５類感染症」に移行されましたが、リスクの高い感染症に変わりはありません。引き続き基本的な感染対策を心がけ、自分や周囲への感染を防ぎましょう。

（感染経路）

患者から排出されるウイルスを含む飛沫、さらに小さな水分を含んだ粒子（エアロゾル）の吸入、感染者の目や鼻、口に直接的に接触することにより感染します。

2 新型コロナウイルス感染症

1 RSウイルス感染症

© matsu - stock.adobe.com

3 咽頭結膜熱

（特徴）

アデノウイルスの感染により、発熱、のどの痛み、結膜炎といった症状が数日続く、こどもに多く見られる感染症です。感染者が使ったタオルなどにウイルスを含んだ目やに、唾液、鼻水が付着していることもあるので、タオルの共用は避けましょう。

（感染経路）

主な感染経路は飛沫感染、接触感染です。

健康・生活衛生局 感染症対策部 感染症対策課 医療体制専門官

時岡史明

咳エチケットなどの基本的な対策が必要

この時期は、〝夏かぜ〟といわれる「手足口病」「ヘルパンギーナ」「咽頭結膜熱」などの感染対策も気になるところです。

「夏かぜは、こどもがかかるもの」と思われがちですが、夏かぜの原因となるウイルスの型には多くの種類があり、1シーズンに何回もかかる大人も少なくありません。また、近年夏期に増加傾向がみられている「RSウイルス感染症」や「新型コロナウイルス感染症」もまだまだ注意が必要です。

いずれの感染症も手洗いや〝咳エチケット〟、換気などの基本的な感染対策が重要です。発熱やせきに加えて、呼吸が苦しい、食事や水分が摂取できないといった症状が見られたら、すぐに医療機関に相談しましょう。

TOPICS

夏を安全に楽しもう！

感染症対策ガイド

感染対策基本のキ

1 流水と石けんでの**手洗い**

2 よく触れる物の**アルコール消毒**

3 可能な範囲での**マスク着用**

からだに不調を感じたら

医療機関に相談しましょう

感染症の初期は発熱や咳などで発症しますが、猛暑で体力や免疫力が低下すると、感染リスクも高まります。「変だな？」と思ったら、医療機関に相談してください。

感染症についての情報はこちら

4 ヘルパンギーナ

（特徴）

発熱と喉の痛みが主な症状の夏かぜの一種です。合併症として、熱性けいれん、特に乳児では脱水症、まれですが小児では髄膜炎や心筋炎などに注意が必要です。発症後4週間後頃までは、便からウイルスが排泄されるため、おむつ交換の後はしっかり手洗いしてください。

（感染経路）

感染経路は、便からの感染を含む接触感染と飛沫感染です。

5 手足口病

（特徴）

口の中や、手足などに水疱性の発しんが出る感染症です。こどもを中心に感染し、多くが数日間のうちに改善しますが、まれに重症化することがあり注意が必要です。

（感染経路）

飛沫感染、接触感染、糞口感染（便の中に排泄されたウイルスが口に入って感染）が知られています。

「共生社会の実現を推進するための認知症基本法」成立の裏側で

大きな制度改正に限らず、日々の地道な積み重ねが厚労行政の可能性を広げています。ここでは、厚生労働省の若手職員たちの取り組みや気づきを紹介します。

昨年度は、G7長崎保健大臣会合開催記念認知症シンポジウムの開催やレカネマブの薬事承認、認知症基本法の成立など、認知症関連の動きが目白押しとなりました。2040年には高齢者のおよそ3人に1人が認知症または軽度認知障害となると推計され、「誰もが認知症になり得る」なかで、認知症施策の推進は必須であり、その施策を取りまとめているのが、現在所属している老健局認知症施策・地域介護推進課です。

かつては「痴呆」と呼ばれ、身体的拘束などの対応も一般的に行われていましたが、2004年に「認知症」へと用語が変更され、翌年には認知症サポーターの養成を開始。2019年の認知症施策推進大綱などに基づき、「共生」と「予防」を車の両輪として認知症施策が進められてきました。昨年6月には、認知症の人が尊厳を保持しつつ希望を持って暮らすことができるよう、認知症施策を総合的かつ計画的に推進することを目的として、「共生社会の実現を推進するための認知症基本法」が成立し、本年1月から施行されています。基本法においては、認知症施策の立案などにあたって、認知症の人や家族などの意見を聴く仕組みが設けられており、本人を起点に共生社会のあり方を考えるところに、認知症施策の前進を見ることができるでしょう。

基本法は、超党派の「共生社会の実現に向けた認知症施策推進議員連盟」において議論されてきたものであり、認知症の人や家族などの団体との丁寧な協議を踏まえて作成されました。厚労省も議員連盟の議論に参加し、衆議院法制局とともに、それらの団体の方々からいただいたご意見をどう案文に組み込んでいくか、また、今回の法案で実現したい内容をいかに端的かつ法令的に正しい法案名で表現するか、一言一句吟味しながら何時間もひざ詰めの議論を行いました。さまざまな方の想いを伺い、議論の下地をつくるところに、一若手職員として仕事の醍醐味を感じました。

基本法に基づき、総理を本部長とする認知症施策推進本部が設置され、その下に設けられた関係者会議の意見を聴きながら、今後、認知症施策推進基本計画が策定されることとなっています。基本計画を踏まえて地方公共団体は、都道府県および市町村計画を認知症の人や家族などの意見を聴きながら策定することが努力義務とされています。基本法の理念に掲げられた本人起点の共生社会づくりが今後、各地域に根付いていくよう、日々の業務により一層邁進していきたいと考えています。

G7長崎保健大臣会合開催記念認知症シンポジウム。筆者は最後尾の左端

今回の執筆者

石野瑠花

老健局
認知症施策・
地域介護推進課
企画法令係

今月の
PICK UP

慰霊

千鳥ヶ淵戦没者墓苑拝礼式を開催

5月27日に千鳥ヶ淵戦没者墓苑拝礼式を開催。墓苑に納められているご遺骨に対して拝礼を行うとともに、海外で新たに収容した戦没者のご遺骨301柱が納められました。

5月27日（月）、千鳥ヶ淵戦没者墓苑（東京都千代田区）で「千鳥ヶ淵戦没者墓苑拝礼式」を行いました。

この式典は、墓苑に納められているご遺骨に対して拝礼を行うとともに、政府の遺骨収集事業により海外（硫黄島を含む）で新たに収容した戦没者のご遺骨で、身元がわからないなどの理由によりご遺族に引き渡すことのできないご遺骨を納骨するものです。

今回は、ロシア、硫黄島、マリアナ諸島などで収容した301柱のご遺骨を新たに納骨し、これにより墓苑に納められたご遺骨の総数は37万700柱となりました。

当日は、秋篠宮皇嗣同妃両殿下にご臨席いただき、内閣総理大臣（内閣官房長官が代理出席）、衆議院議長、遺族代表、関係国駐日大使、関係省庁、関係国会議員、関係団体の各代表、遺骨収集事業協力者など約450人の方々が出席されました。

式典では、武見敬三厚生労働大臣が式辞・納骨を行った後、秋篠宮皇嗣同妃両殿下のご拝礼に合わせ、参列者一同が拝礼しました。また、内閣官房長官をはじめ遺族代表・来賓の方々が献花を行いました。

武見厚生労働大臣は式辞で「今日の我が国の平和と繁栄が、戦没者の皆さまの尊い命と、苦難の歴史のうえに築かれたものであることに深く思いを致し、謹んで哀悼の誠を捧げます。一柱でも多くのご遺骨が、一日も早くふるさとに戻られるよう、全力を尽くしてまいります」と述べました。

武見厚生労働大臣による納骨

ご拝礼になる秋篠宮皇嗣同妃両殿下

献花に向かわれる武見厚生労働大臣

ご遺族の方々が拝礼

詳しい情報はこちら➡ 千鳥ヶ淵戦没者墓苑拝礼式 検索

今月の
PICK UP

調査 「令和６年毎月勤労統計調査特別調査」にご回答をお願いします

毎月勤労統計調査特別調査
キャラクターの「とくちゃん」

小規模事業所を対象にした「毎月勤労統計調査特別調査」（年１回）を８～９月に実施しますので、対象となった事業所の皆さまには調査へのご回答をお願いします。

「毎月勤労統計調査特別調査」は、常用労働者５人以上の事業所を対象に毎月行っている「毎月勤労統計調査」を補うために常用労働者１～４人の小規模事業所を対象に年に１回行う調査です。小規模事業所における雇用、給与および労働時間の実態について全国および都道府県別に明らかにすることを目的に実施しています。

本調査の結果は、小規模事業所の実態を示す資料として国民経済計算（GDP統計）の作成や小規模事業所で働く労働者のための諸施策の基礎資料として役立てられています。

本調査は、今年7月31日現在※を調査時点として8月から９月にかけて実施します。調査に先立って、7月ごろから指定地区のすべての事業所に統計調査員が伺って、事業所の名称や常用労働者数などをお尋ねする「準備のための調査」を行います。この結果を基に、対象となる常用労働者１～４人の事業所に再度、統計調査員がお伺いし、調査票の内容についてご回答をお願いしています。この統計調査員は、都道府県知事が任命した公務員です。調べたことについて他に漏らすことは統計法で固く禁じられていますので、安心してお答えください。

対象となった事業所の皆さまには、本調査の重要性をご理解いただき、ご回答くださいますようお願いします。

※給与締切日の定めがある場合には、７月の最終給与締切日現在

きまって支給する現金給与額、特別に支払われた現金給与額、通常日１日の実労働時間、出勤日数、勤続年数及び短時間労働者の割合の推移

（事業所規模１～４人、調査産業計）

調査年	きまって支給する現金給与額[1]	特別に支払われた現金給与額[2]	通常日１日の実労働時間[1]	出勤日数[1]	勤続年数[3]	短時間労働者の割合[3]
年	円	円	時間	日	年	%
平成25	190,475	201,808	7.1	20.7	11.2	28.0
26	192,120	208,488	7.1	20.7	11.4	28.5
27	191,269	216,965	7.0	20.4	11.3	29.0
28	195,701	227,206	7.0	20.2	11.6	28.9
29	196,363	227,457	7.0	20.1	11.7	29.2
30	195,476	235,684	7.0	19.9	12.0	30.1
令和元	197,196	247,634	6.9	19.8	12.0	30.9
[4] 2	–	–	–	–	–	–
3	199,902	253,157	6.8	19.3	12.6	31.3
4	203,079	258,268	6.8	19.2	12.8	31.3
5	203,956	261,317	6.8	19.1	12.6	31.7

注：1）各年7月の数値である。
2）調査年の前年8月1日から調査年7月31日までの1年間分の数値であり、勤続1年以上の者を対象に算出している。
3）各年7月末日現在の数値である。
4）令和2年は特別調査を中止しており、令和2年9月に特別調査の代替措置として実施した「小規模事業所勤労統計調査」の結果によると、事業所規模1～4人のきまって支給する現金給与額は202,372円、特別に支払われた現金給与額は270,994円、通常日1日の実労働時間は6.9時間、出勤日数は19.3日、勤続年数は13.8年、短時間労働者の割合は30.6%となっている。

【参考：令和5年調査結果　現金給与額（前年比）】
・きまって支給する現金給与額　203,956円（前年比　0.4%増）
・特別に支払われた現金給与額　261,317円（前年比　1.2%増）

詳しい情報はこちら➡　毎月勤労統計調査特別調査　検索

今月の
PICK UP

年休

この夏は、年次有給休暇の上手な活用で心身ともにリフレッシュ

この夏は、年次有給休暇を上手に活用して心身ともにリフレッシュするため、労使一体となって同休暇の計画的付与制度や時間単位の導入・活用を検討してみましょう。

事業主・労働者の皆さまへ

年次有給休暇の取得は労働者の健康と生活に役立つだけでなく、労働者の心身の疲労の回復、生産性の向上など会社にとっても大きなメリットがあります。この夏は、年次有給休暇を上手に活用し、休みをつなげて心身ともにリフレッシュしましょう。

そのためには、年次有給休暇の計画的付与制度や、時間単位の年次有給休暇制度の導入・活用が効果的です。労使が一体となって、これらの導入をご検討ください。

年次有給休暇の計画的付与制度

年次有給休暇の付与日数のうち5日を除いた残りの日数について、労使協定を結ぶことで、計画的に休暇取得日を割り振ることができます。休暇の取得の確実性が高まり、労働者にとっては予定していた活動が行いやすく事業主にとっては計画的な業務運営に役立ちます。

時間単位の年次有給休暇

年次有給休暇の付与は原則1日単位ですが、労使協定を結べば、年5日の範囲内で時間単位の取得が可能となります。これは、労働者のさまざまな事情に応じた柔軟な働き方・休み方の実践に役立ちます。

この夏は
休みをつなげて
心身ともに
リフレッシュ。
Refresh!
もっと自分らしい
働き方
休み方
年次有給休暇を上手に活用し
働き方・休み方を見直しましょう
●「年次有給休暇の計画的付与制度」を導入しましょう。
●年次有給休暇付与計画表による個人別付与方式を活用すれば休暇の分散化にもつながります。
厚生労働省｜都道府県労働局｜労働基準監督署
●働き方・休み方改善ポータルサイト
https://work-holiday.mhlw.go.jp/
年次有給休暇取得促進特設サイト
年休取得促進特設サイト

詳しくは、「年次有給休暇取得促進特設サイト」をご覧いただくか、お近くの都道府県労働局雇用環境・均等部（室）にお問い合わせください。

詳しい情報はこちら➡ 年次有給休暇取得促進特設サイト 検索

「ダメ。ゼッタイ。」普及運動が6月20日から始まっています

薬物乱用は世界的な広がりを見せ、人類が抱える最も深刻な社会問題の一つとなっています。

日本における令和5年の大麻事犯の検挙人員は、過去最多を大きく更新し、統計開始以降初めて覚醒剤事犯の検挙人員を超えるなど、「大麻乱用期」であることが確実といえる状況です。特に、検挙人員の約7割が30歳未満の若者であり、若年層における大麻乱用の拡大が問題となっています。また、覚醒剤事犯の検挙人員は減少傾向ではありますが、依然として薬物事犯全体のうちの約半数を占めており、引き続き警戒が必要です。

こうした地球規模で拡大する薬物乱用問題の解決に取り組むために定めた「国際麻薬乱用撲滅デー（6月26日）」に合わせて、日本でも1993年から官民一体となって薬物乱用問題に対する認識を高め、乱用を許さない社会環境づくりをめざす「ダメ。ゼッタイ。」普及運動を6月20日～7月19日の間実施しています。

この期間は、厚生労働省や都道府県、公益財団法人麻薬・覚せい剤乱用防止センターが中心となって、各地で同運動に関するポスターでの周知やリーフレットの配布、街頭キャンペーンなどを実施しています。

この運動をきっかけに、若者をはじめとした多くの人に、薬物乱用や薬物依存症の問題について知ってもらい、改めて考えてみてほしいです。

DATA

問い合わせ	厚生労働省 医薬局 監視指導・麻薬対策課 TEL：03-5253-1111（2796）

詳しい情報はこちら ➡ 「ダメ。ゼッタイ。」普及運動 検索

今月の
イベント

第19回若年者ものづくり競技大会

「第19回若年者ものづくり競技大会」が7月31日～8月1日、Gメッセ群馬・群馬県立高崎産業技術専門校・栃木県立県央産業技術専門校の3会場で開催されます（一部職種は先行実施）。

同大会は、企業などに就職していない、職業能力開発施設や工業高等学校などにおいて技能を習得中の原則20歳以下の若年者が技能レベルを競う大会です。技能の向上を通じて就業促進を図るとともに、若年技能者の裾野を拡大することを目的に、2005年から開催しています。

競技職種は15種類――メカトロニクス、機械製図（CAD）、旋盤、フライス盤、電子回路組立て、電気工事、木材加工、建築大工、自動車整備、ITネットワークシステム管理、ウェブデザイン、業務用ITソフトウェア・ソリューションズ、グラフィックデザイン、ロボットソフト組込み、造園――です。

なお、当日は競技の様子をライブ配信する予定です。ぜひ、ご視聴ください。

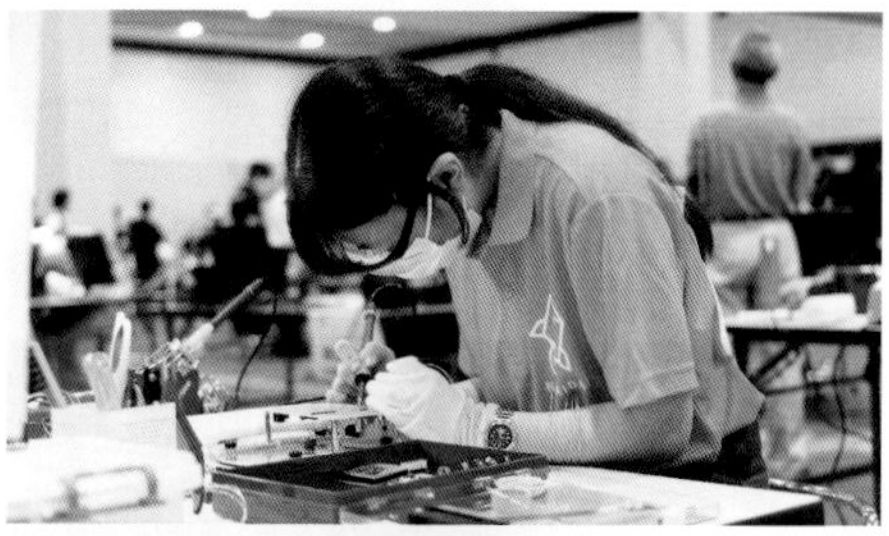

DATA

日　時	7月31日（水）～8月1日（木）
競技会場	・Gメッセ群馬（群馬県高崎市押町12-24） ・群馬県立高崎産業技術専門校（群馬県高崎市山名町1268） ・栃木県立県央産業技術専門校（栃木県宇都宮市平出工業団地48-4）
参加選手	約340人

詳しい情報はこちら ➡ 若年者ものづくり競技大会 検索

今月の
イベント

8月7日、8日の2日間、「こども霞が関見学デー」を開催します

厚生労働省では8月7〜8日の2日間、「こども霞が関見学デー」を開催します。

この見学デーは、各府省庁が連携し、省庁見学や体験活動などを通じて、こどもたちが夏休みに広く社会を知るきっかけとしてもらうことを目的に毎年実施しています。今回も対面とオンラインで開催します。

昨年は対面で体験型を中心に医療・健康・お薬、介護ロボット、ものづくり教室、労働安全に関する体験や年金クイズなどを、オンラインでは統計クイズや施設見学など、夏休みの自由研究にも役立つたくさんのプログラムを実施しました。

今年もさまざまなプログラムを用意しています。事前予約が必要なものと自由に参加できるものがありますので、詳しくは、厚生労働省ホームページ「こどものページ」をご覧ください。

君も技能五輪の金メダリストをめざそう!!

ロボハンドをつくって遊ぼう!

（写真は昨年の様子）

DATA	
日　時	8月7日（水）〜8日（木）10：00〜16：00
場　所	東京都千代田区霞が関1-2-2　中央合同庁舎5号館
参加対象	全国の小・中学生など（原則として保護者同伴）
問い合わせ	厚生労働省 大臣官房総務課広報室 TEL 03-5253-1111（代表）

詳しい情報はこちら ➡ 厚生労働省　こども霞が関見学デー　検索

夏《なつ》休《やす》み

こども見《けん》学《がく》デー

見《み》たい！
知《し》りたい！が
いっぱい！

8/7(水)・8(木)を中心《ちゅうしん》に夏休《なつやす》み期間《きかん》中、日本各地《にほんかくち》で実施《じっし》

こども見学デーとは？

子供たちを対象に業務説明や職場見学等を行うことにより、子供たちが夏休みに広く社会を知る体験活動の機会とし、親子のふれあいを深めることを目的とする取組です。全国の機関で、職場見学など様々な体験イベントを夏休み期間中に実施します。

詳《くわ》しいことは
文部科学省《もんぶかがくしょう》のホームページへ

https://www.mext.go.jp/a_menu/ikusei/kengaku/index.htm

28府省庁等による こども霞が関見学デー

内閣官房	人事院	内閣府	宮内庁	公正取引委員会	警察庁	個人情報保護委員会	金融庁	消費者庁	こども家庭庁
デジタル庁	復興庁	総務省	法務省	外務省	財務省	国税庁	文部科学省	厚生労働省	農林水産省
経済産業省	特許庁	国土交通省	気象庁	環境省	防衛省	会計検査院	国立国会図書館		

お問い合わせ 文部科学省 総合教育政策局地域学習推進課 家庭教育支援室：〒100-8959 東京都千代田区霞が関 3-2-2 電話：03-5253-4111（代表）

収入増や活躍の場の拡大、能力向上などを目的に副業・兼業をする人が増えています。実践している方に、本業と両立させるコツやメリットをインタビューします。

人生を広げる Side Business

© 麦 - stock.adobe.com

第28回

本業の通勤時間を利用した勉強法で社労士試験に一発合格、副業に

副業

かさね社会保険労務士事務所
代表／社会保険労務士

2022年9月開業。人事労務DX化支援と副業解禁支援を得意領域とする社会保険労務士として活動。「行政協力」と呼ばれる行政関連の仕事や、Webセミナー出演、執筆活動も行っている

本業

株式会社HEXEL Works
人事部

入社時から現在まで人事部に所属し、社会保険手続きや給与計算、制度変更、就業規則の改定などを担当。近年は、勤怠管理や給与計算など人事系業務のシステム化の推進にも携わっている

お話を伺ったのは

稲富光平さん

いなとみ・こうへい／2015年4月、株式会社HEXEL Worksに新卒で入社。人事部に勤務し、社会保険関係や給与計算、制度変更、業務のシステム化などを担当。2021年10月、社会保険労務士の資格を取得。翌年9月、副業として、かさね社会保険労務士事務所を開業

自分のスキルを使って自分で稼いでみたい

稲富光平さんは大学で経済学を学んだ後、2015年、大型マンションなどの電気設備工事の施工管理をメイン事業とする株式会社HEXEL Works（ヘクセルワークス）に入社、人事部に配属されます。1年目は社会保険を、3年目からは給与計算や制度変更、就業規則の改定などを担当し、近年は勤怠管理など人事系業務のシステム化も手がけています。

この間、衛生管理者やファイナンシャルプランナーの資格を取得してきましたが、次第に人事労務系のなかで一番難しいとされる「社会保険労務士」の資格に興味を持ち、2020年夏ごろから資格取得の勉強を始めます。

当時はコロナ禍でしたが、稲富さんは電車に乗って出社していました。通勤時間が片道90分程度あったので、資格取得に向けて、通勤時間中にウェブ講座型の講義動画を視聴しながら学び、1年後、「合格率約6〜7％」といわれる試験に見事1回で合格。2022年9月に、かさね社会保険労務士事務所を開業します。

「勉強を始めたころから、『自分が持つスキルを使って自分で稼いでみたい』という気持ちが出てきて、人生一度きりだからと、思い切って事務所を開業したのです。ただ、本業の会社は人間関係も良く、働きがいもあって辞めたくなかったので、副業という形で始めました」

本業のHEXEL Work

両立のポイント

✓ 1 会社のフレックスタイム制度を利用する

副業の時間をどう捻出するかが、両立の大きなポイント。
会社にフレックスタイム制度があると、平日の日中に中抜けができる

✓ 2 本業と副業の内容がリンクしている

本業の仕事と副業の仕事がリンクしていると、本業で学んだことを副業に、
副業で学んだことを本業に活かせる

✓ 3 本業も副業もどちらもおろそかにしない

本業は雇用契約、副業は業務委託契約が発生する。
どちらの責任も果たしてはじめて二足の草鞋が成り立つ

ｓでは、社員の多様性を育む試みとして、副業を奨励する「パラレルキャリア制度」を２０１７年に導入。２０２０年にフレックスタイム制度が導入されていたことも、副業の始めやすさにつながっていました。

副業申請は届出制で、「同業の仕事や、深夜帯の仕事など身体に負荷のかかる仕事は不可」「入社後3年間は本業に注力してほしいため、副業できるのは入社4年目から」などのルールがあります。

副業で深まった知識で本業の仕事の精度も向上

資格取得後、稲富さんは社会保険労務士会に入会。同会の支部会では勉強会や交流会が開かれ、ベテラン社労士から事務所経営の話を聞いたり、仕事を紹介されることも。現在は行政関連の仕事、たとえば労働基準監督署や区のイベントでの相談員などに加えて、知り合いの会社から就業規則の改定に関する支援業務の仕事も依頼されています。

こうした副業は休日や、ＨＥＸＥＬ Ｗｏｒｋｓのフレックスタイム制度を利用した時間内で取り組んでいます。

「社労士の副業は私にとって自己実現の場ですが、社労士の仕事をしていると労働基準法の細かい解釈や労働時間の考え方など知識が深まり、情報発信の仕方もいろいろと経験できるので、本業の仕事の精度も上がったと思います」

今後は、自分の得意分野である「人事労務のＤＸ化支援」と、もともとやりたかった「副業解禁支援」を専門領域としてアピールし、いろいろな仕事を引き受けながら、徐々に専門性を高めていこうと考えています。

「今、働いている人たちは、やりたいことがあっても生活を守るために本業でしっかり働かなければなりません。やりたいことにシフトするのはリスクが大きいですが、副業という働き方がもっと広がれば、自分のやりたい仕事に挑戦できる機会が増え、働き方の納得感も高められると思います」

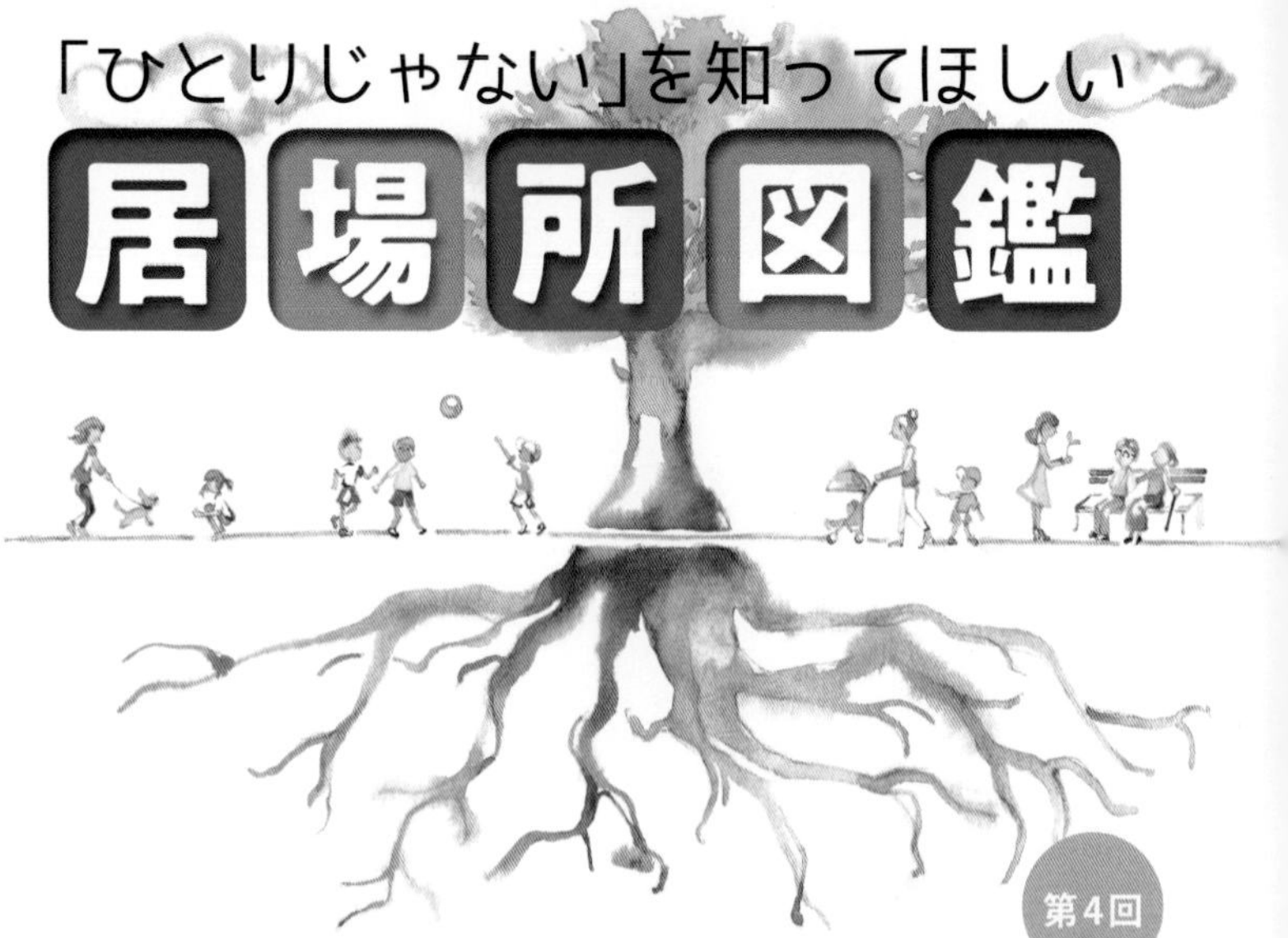

「ひとりじゃない」を知ってほしい

居場所図鑑

独居高齢者やひきこもりの人、こどもやワンオペの保護者など――社会や地域、学校、職場などで孤立している人たちは、何かあったときに頼れる人がいない場合があります。そうした人たちを支援する取り組みや団体にスポットを当てます。

▲相互理解を深める機会を提供

第4回

障害者・難病者支援

障害者や難病者を知る機会をつくり就労や生活の選択肢拡大に努める

お話を伺ったのは

特定非営利活動法人
両育わーるど
理事長
重光喬之さん

大切な福祉の世界にもっと外の空気を入れよう

現在、日本には、障害者手帳を持っている人が約744万人※1、指定難病受給者証を持っている人が約105万人※2、その他希少疾患や難治性慢性疾患を持っている人が約700万人※3いると言われています。

特定非営利活動法人両育わーるどは、そうした状況を踏まえて、障害や難病のある人とない人が互いに学び、〝知らないを知る〟「THINK UNIVERSAL事業」と、障害や難病のある人たちに向けて仕事や生活、生き方などのさまざまな選択肢を増やし、〝社会参加をもっと身近にする〟「THINK POSSIBILITY事業」に取り組んでいます。

「私はもともと福祉にまったく接点がなく、19歳のときに友人に誘われて初めて知的障害児（者）の通所訓練施設のボランティアに行きました。そこで建前のない真っすぐなこどもたちと出会い、かかわり合い、学びの連続でした。それから、大学生の間も、社会人になってからもボランティアで通っていたのですが、福祉は非常に大切な分野でありながら、地域や社会の受け入れが乏しいために閉鎖的であることがもどかしく、もっと外の空気が入ればよいのに……と考えるようになりました」と、同法人理事長の重光喬之さんは話します。

そこで32歳のときに、福祉の現場には学びの価値があることを発信するとともに、福祉以外の人たちとの接点を増やすことを目的に同法人を設立。当初は知的障害児（者）の支援を中心にしていましたが、現在は障害者・難病者支援に力を入れています。

疑似体験の機会などを提供 就労調査・分析にも尽力

同法人の立ち上げ当初、重光さんは自身の経験から「療育（囲み参照）指導は、支援している側にも多くの学びを与えてくれる」ことを伝えるべく、企業の社員研修と福祉施設をつなげる取り組みを始めました。社員にとっては人との向き合い方やコミュニケーションを学ぶ機会に、障害児（者）にとっては〝いつもの人（指導者）〟以外とのかかわりが自負の育みに、療育指導者に

※1：2022年度福祉行政報告例および衛生行政報告例
※2：2022年度衛生行政報告例
※3：国内に公的調査なし。受給者証未所持の指定難病を含む。患者数は、米国の希少疾病患法による疾患人口比率より算出（両育わーるど）

団体概要

特定非営利活動法人
両育わーるど

設　立：2012年11月12日
所在地：〒150-0002
東京都渋谷区渋谷3-26-16
第5叶ビル5F　co-ba shibuya内
職員数：32人
URL：https://ryoiku.org/

かかわった人の声

20代・男性

難病者は目に見えない症状を抱える人もおり、自分が気づかないだけで身近にも難病者がいるのかもしれないという認識に変わりました。性格や家庭の状況を考慮した働き方ができるように、難病者も自身の症状に合わせた働き方ができるように人々の意識が変わるはずだと信じています。

40代・女性

障害や難病、希少疾患。言葉だけ聞くと、とても重いことに感じられて、どう向き合っていいのか難しく感じられるけれど、実際にいろんな方のお話を聞いてみて、勝手に壁をつくっていたのは自分だったのだと気づかされました。

50代・男性

両育わーるどの取り組みは、多彩な背景を持つスタッフがいくつものプログラムを持っており、視野を広げられる活動です。多様性を必要とするこれからの日本社会に必要な取り組みだと考えています。

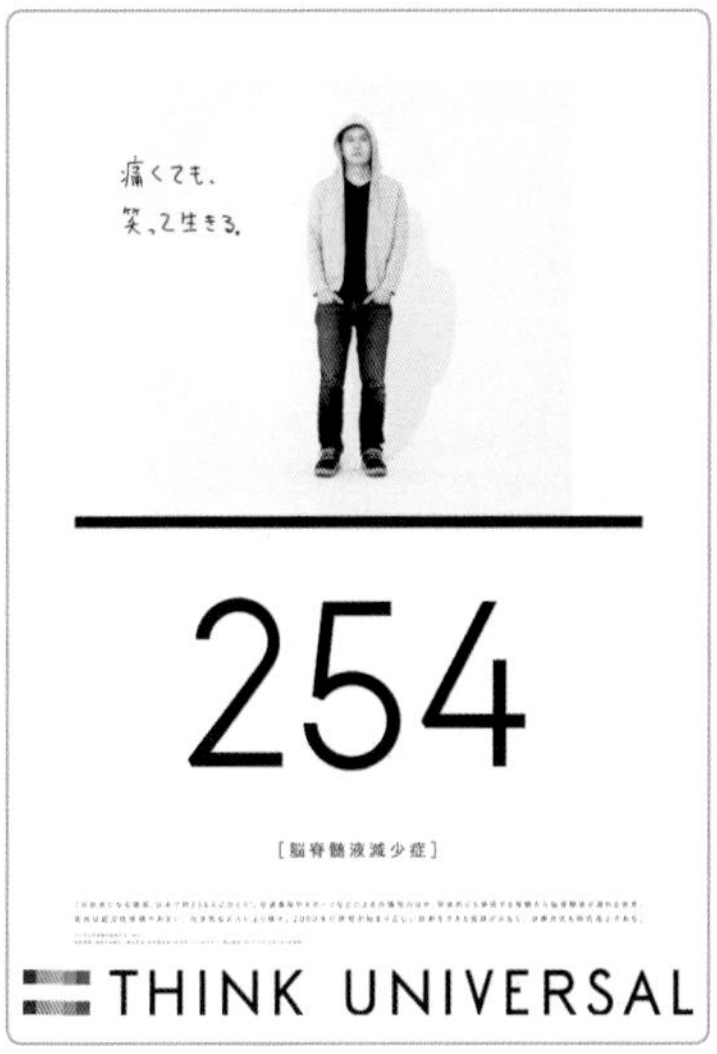

▲啓発ポスター

療育とは……

障害のあるこどもに対し、身体的・精神的機能の適正な発達を促し、日常生活および社会生活を円滑に営めるようにするために行う、それぞれの障害の特性に応じた福祉的、心理的、教育的および医療的な援助

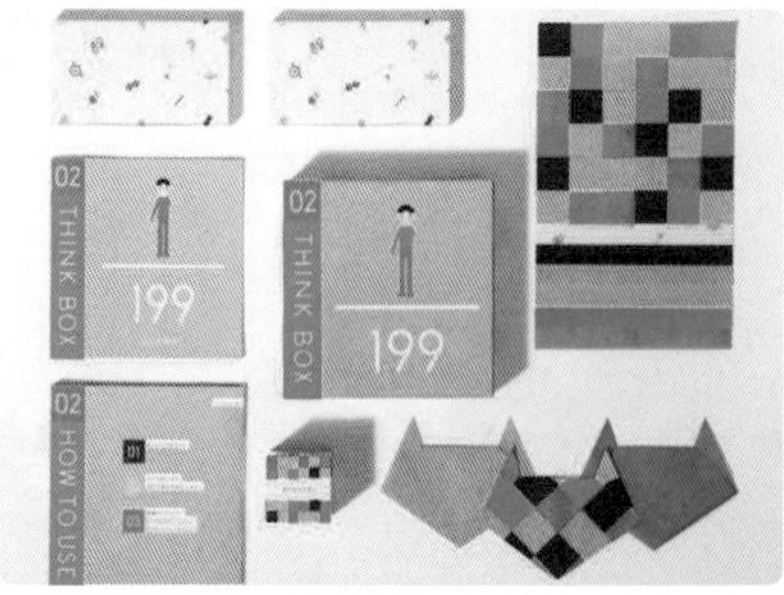

▲疑似体験ツール

とってはパターン化されがちなかかわりに新しい気づきを得る機会にと、それぞれに意義のあるものになりました。しかし、社会人とこどもたちの時間を合わせることが難しく、また法や制度改正の影響もあり、3～4年で断念するに至りました。

次に着手したのが〝知らないを知る〟「THINK UNIVERSAL事業」です。これまで、障害者や難病者を「よくわからない」を理由に遠ざけている企業や地域について、重光さんは見聞きしてきました。そうした人たちにまずは知ってもらうことが必要だと考え、ポスターを使った啓発や、障害の疑似体験の機会・コンテンツの提供、当事者の語りを聞くイベントなどを行いました。

この事業を経て、障害や難病のある人たちの生活の選択肢を増やし、社会参加をもっと身近なものにするために「THINK POSSIBILITY事業」も開始。彼らの社会参加を考える研究会の立ち上げや就労の実態調査・分析、社会参加白書の発行、当事者の悩みや困りごとのエピソード共有サイトの立ち上げなどを行っています。

近年はさらに、難病者の就労に関する当事者と企業向けの調査・分析にも力を入れ、就労事例集をつくり企業への認知・啓発に取り組んでいます。

「実は、私自身も社会人になってから難病を発症しました。当法人には、私を含めいろいろな病気や背景のある人たちが複数います。私たちは自身が一つの就労モデルになっていくだけでなく、たくさんの事例やデータをもとに企業や社会に向けて、『難病や障害のある人と働くのはそんなに大変なことじゃないですよ』ということも伝えていきたい。障害や難病があってもなくても、自分たちが生きたいように生きられる社会をつくっていくために試行錯誤しながら、これからも発信をしていきます」

Q1 法人名の由来は？

「両育（りょういく）」とは、私たちが活動を通して実感した想いから生まれた造語です。難病者・障害者とかかわり手が、支援する・されるの関係ではなく、互いに試行錯誤しながらかかわり合い、学び合い、育み合って生きていくという概念を表しています。

Q2 難病者の就労支援のトピックは？

近年、いろいろな自治体や地方議員の方に関心を持ってもらい勉強会を開催しているのですが、ついに山梨県では今年、難病者を対象にした公務員の採用枠が設けられ募集がスタートしています（2月公表）。こうした取り組みが今後どんどん広がっていくことを期待しています。

Q3 読者へのメッセージ

「障害者や難病の人に何て声をかけたらいいかわからない」「どのような配慮が必要かわからない」などの声を聞きますが、かかわり方や声のかけ方に正解はありません。また、配慮の必要がない場合や、部分的（時間や場所など）な対応でよい場合も多々あります。障害や難病の有無にかかわらず、それぞれに事情や背景があるのだから、お互い様の気持ちで、まずはかかわってみてはどうでしょうか。

病院Walker《ウォーカー》
～「病床の機能分化」を知ろう

現在、日本の医療機関では病床の「機能分化」が進められていますが、その内容を知る人はまだ多くないでしょう。そこで本連載では、それぞれの機能を持つ病院への取材を通して、各機能（役割）の内容・特徴と課題を解説します。第4回目は「地域包括ケア病棟」機能です。

石川県能美市の丘陵地に立地する芳珠記念病院。
今年1月1日の能登半島地震では同院の駐車場とエントランスホールに地域の避難者が集まった

Vol.04

「地域包括ケア病棟」機能

●医療法人社団和楽仁《わらに》　芳珠《ほうじゅ》記念病院

在宅療養中や急性期後の患者受け入れと在宅復帰支援を担う

「治す」より「支える」のニュアンスが強い病棟

地域包括ケア病棟とは、2014年度の診療報酬制度改定で創設された病棟区分です。一般社団法人地域包括ケア病棟協会会長の仲井培雄さんは同病棟の役割について、前回紹介した回復期リハビリテーション病棟と対比して解説します。

「回リハ病棟は主に脳卒中の患者さんの社会復帰のためのリハビリを提供するところで、発症前はぴんぴんしていた高齢者や若者もいます。一方、地域包括ケア病棟は認知症や廃用症候群（フレイル）などの患者さんが主となり、生活復帰・在宅復帰をめざす病棟。『治す』より『支える』ニュアンスが強くなります」

仲井さんが理事長を務める医療法人社団和楽仁芳珠記念病院は、先代の信雄理事長（故人）が前身の外科病院で手術をした患者さんが高齢になり、糖尿病や脳心臓血管系などの疾患で亡くなるのを見て、「全人的医療」を提供したいとつくった総合病院です。その志を受けて2014年の病棟区分新設と同時に地域包括ケア病棟を開設しました。

その機能は、急性期を脱した患者を受け入れる「ポストアキュート機能」、在宅で療養している患者を受け入れる「サブアキュート機能」、「在宅復帰支援機能」の3つに大別できます。

また、病棟機能とは別に病院単位の機能として、地域包括ケア病棟協会では、①急性期ケアミックス型病院、②ポストアキュート連携型病院、③地域密着型病院という3分類を独自に提唱しています。急性期一般病棟を持ち、救急車もどんどん受

1	
2	3
4	5

DATA

創業日	1983年
理事長	仲井培雄
病床数	183床 (急性期一般病床66床、地域包括ケア病棟45床、回復期リハビリテーション病棟42床、障害者病棟30床)
休診日	第1・3土曜、日曜・祝日は終日 第2・4・5土曜は午後
職員数	約500名(昨年10月1日現在)
所在地	石川県能美市緑が丘11–71

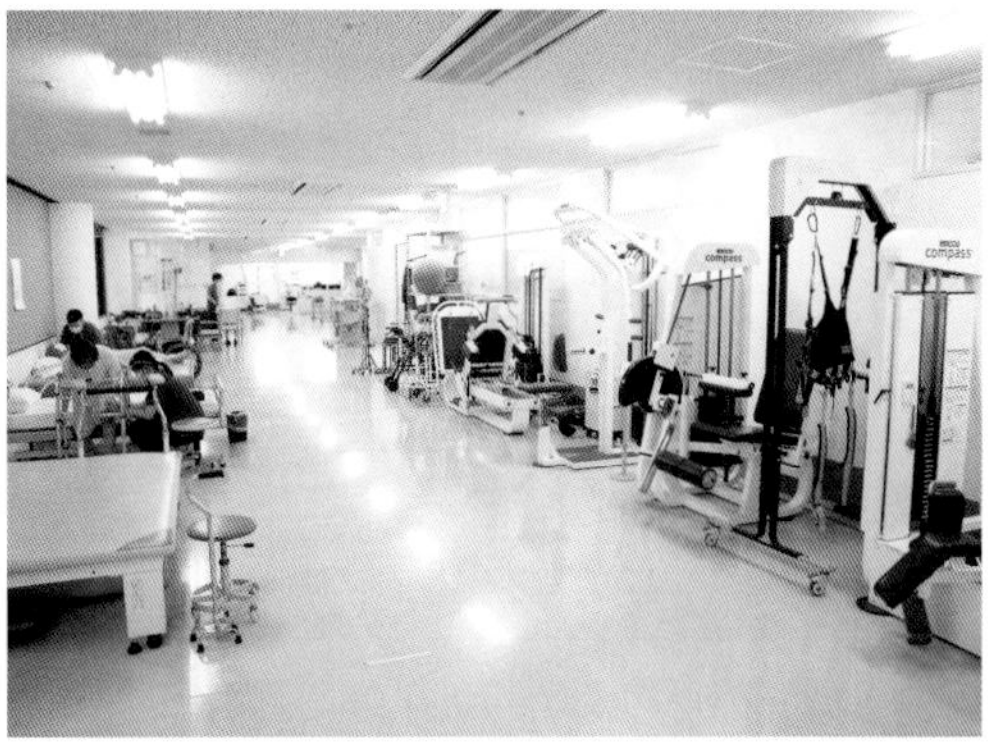

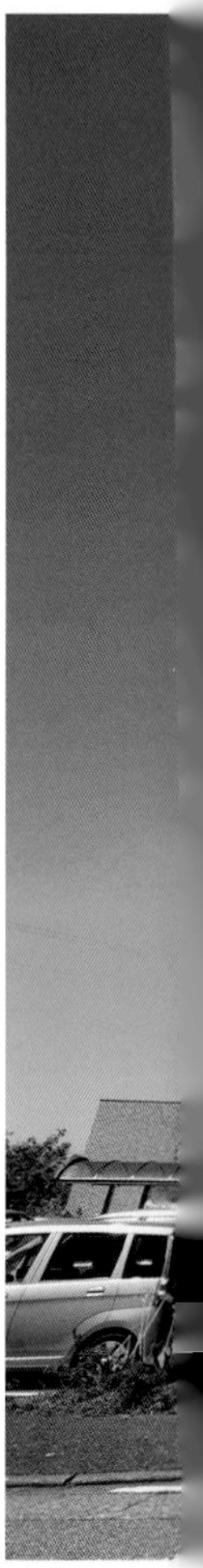

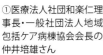

①医療法人社団和楽仁理事長・一般社団法人地域包括ケア病棟協会会長の仲井培雄さん
②同院での高齢者医療は、治すことが中心の「従来型」から、治し支える「生活支援型」へと転換している
③現仲井理事長の父親にあたる先代理事長の「全人的医療」の志を受け継ぎ、同院では2014年の病棟区分誕生と同時に地域包括ケア病棟を新設
④同院の年間外来患者は14万922人(1日平均520人)、入院患者数2,240人、平均在院日数30.2日(2021年実績)
⑤医療法人社団和楽仁は2015年、芳珠記念病院の敷地内に「ほうじゅ訪問看護・リハステーション緑が丘」を開設

け入れるのが①、高度急性期病院からの紹介でポストアキュート患者の受け入れに積極的なのが②、そのどちらでもなく、在宅療養中の患者の受け入れを主に回復期リハビリ病床や療養病床も持っているのが③です。同協会の調査では現在、①が5割弱、③が3割5分、②が1割5分の割合だそうです。

高齢者医療の変化にどう対応するか

日本の高齢化がピークを迎える2042年までの地域包括ケア病棟における高齢者医療の変化について、仲井さんは3つのトピックを挙げて説明します。

1つ目は「マルティモビディティ」。多疾患併存の状態です。糖尿病・高血圧・心不全・認知症の患者さんが、元気がなく、食べられないとなったとき、適切に診療ができる医師の育成が急務だといいます。次に、要介護者への対応。統計的に65歳→75歳→85歳と年齢を重ねるにつれて要介護認定率は2割→3割→6割のペースで高進します。そのため、予定入院の段階から介護職と密に情報を交換し、リハビリテーションや栄養および口腔ケア、ポリファーマシー対策、認知症ケアなどを包括的に行う計画を立てておかないと、入院期間が延びます。介護とのきめ細かな連携で医療を提供することが大切です。

3つ目が、増加し続ける高齢者救急。これに対応するため、今年度の診療報酬改定で地域包括ケア病棟の在宅患者支援病床初期加算が見直され、救急患者に対してより高い評価がされるようになりました。また、地域包括ケア病棟とは別になりますが、「地域包括医療病棟」が新設され、地域包括ケア病棟を持つ病院のなかでも救急の体制、高齢者の急性疾患に対応する体制、リハビリなどの在宅復帰を支援する体制に注力し同病棟に転換すると、高い診療報酬点数が付くようになりました。

「要件が厳しく、当協会で調べた限り認可例は少ないようですが、地域包括ケア病棟を持つ病院に高齢者救急の強化が求められるのは間違いないので、これからに注目です」(仲井さん)

食事にひそむキケン
～おいしく安全に食べるヒント～

たびたびニュースになる食中毒事件。
発生しやすい時期や調理・保存方法などのポイントを押さえておけば防げるはず。
それぞれの時期に起きやすい食中毒と、その予防方法などについて紹介します。

第4回　テーマ 細菌

黄色ブドウ球菌・ウエルシュ菌・ボツリヌス菌

要注意！　通常の加熱では防げない食中毒

黄色ブドウ球菌

症状

吐き気・嘔吐や下痢など

潜伏期間

1～5時間（平均3時間）

対策

食品中に毒素（エンテロトキシン）をつくらせないことが重要。調理前の手洗いや調理器具の洗浄・殺菌、手や指に傷などがある人は食品に直接触れるのを避けるなど。

© ST.art - stock.adobe.com

ウエルシュ菌

症状

腹痛や下痢など

潜伏期間

6～18時間（平均10時間）

対策

清潔な調理を心がけ、調理後は速やかに喫食。加熱調理をした食品を冷やす際は小分けにするなどして素早く冷やし、室温に長時間放置しない。保存する際は10℃以下または55℃以上の温度での保存。再加熱する場合は十分に加熱して早めに食べる。

© hedgehog94 - stock.adobe.com

ボツリヌス菌

症状

吐き気・嘔吐や視力障害・言語障害・嚥下困難（物が飲み込みづらくなる）などの神経症状、まれに呼吸麻痺により死亡する例もある

潜伏期間

8～36時間

対策

包装の表裏の表示を確認して、適切な冷蔵保存や加熱調理を行う。真空パックや缶詰が膨張していたり、食品に異臭があるときは食べない。1歳未満の赤ちゃんには、ハチミツやハチミツ入りの食品などボツリヌス菌を含む可能性のある食品を与えない。

令和5年黄色ブドウ球菌の食中毒

発生件数	患者数	死者数
20件	258人	0人

令和5年ウエルシュ菌の食中毒

発生件数	患者数	死者数
28件	1,097人	0人

令和5年ボツリヌス菌の食中毒

発生件数	患者数	死者数
0件	0人	0人

黄色ブドウ球菌は、自然界に広く分布している細菌で、人の鼻腔や喉だけではなく、化膿菌の一つとして化膿巣にも多量に存在しています。本菌は、食品のなかで**増殖するときにエンテロトキシンという毒素をつくり、この毒素を食品と一緒に食べることにより、食中毒を引き起こします。**エンテロトキシンは熱に強いため、一度つくられると、**通常の加熱調理（煮沸した程度）では無毒化されません。**

ウエルシュ菌は、ヒトや動物の腸管、土壌や下水などに広く分布している細菌で、熱に強い芽胞《がほう》をつくること、**酸素のない環境を好むことが特徴**です。これまでにカレーやシチュー、煮魚、麺のつけ汁など、大量に調理され、そのまま室温で冷まされた食品が原因で食中毒が発生しています。また、**1件あたりの患者数が多く、大規模発生になる**ことがあります。夏（7～9月）に多く発生しますので、これからの季節、十分に注意しましょう。

ボツリヌス菌は、土壌や海、湖、川などの泥砂中に分布している菌で、熱に強い芽胞を形成し、瓶詰、缶詰、容器包装詰め食品、保存食品など、酸素が含まれていない（少ない）食品中で増殖します。通常の加熱調理では殺菌できません。また、1歳未満の赤ちゃんは、大人と異なりまだ腸内環境が整っていないため、ハチミツやハチミツ入りの食品を食べることにより、ボツリヌス菌が腸内で増えて毒素を作り出し、**乳児ボツリヌス症**を発症させる場合があります。**1歳未満の赤ちゃんにハチミツやハチミツ入りの飲料・お菓子などの食品は絶対に与えないようにしましょう。**

黄色ブドウ球菌・ウエルシュ菌・ボツリヌス菌については、厚生労働省のホームページで特徴などを詳しく紹介しています。ぜひ参考にしてください。

詳しい情報はこちら ➡　細菌　厚労省　検索

厚労省の仲間を紹介!
キャラクター辞典

厚生労働行政を発信するさまざまなキャラクターがいることをご存じですか？　どんな施策をどんなキャラクターたちが普及・啓発しているのか特徴や関連政策を踏まえて紹介します。

「ダメ。ゼッタイ。」普及運動
薬物乱用防止キャラクター

ダメ。ゼッタイ。君

（公財）麻薬・覚せい剤乱用防止センター

関連施策

「ダメ。ゼッタイ。」普及運動

薬物乱用問題は、全世界的な広がりを見せ、人間の生命はもとより、社会や国の安定を脅かすなど、人類が抱える最も深刻な社会問題の一つとなっています。国内においては、大麻事犯の検挙者数は2013年以降増加し続けており、高水準を維持しています。また、近年はその約7割を30歳未満が占め、若年層における大麻乱用が拡大しています。「ダメ。ゼッタイ。」普及運動では、国民一人ひとりの薬物乱用問題に関する意識を高めるとともに「6・26国際麻薬乱用撲滅デー」の周知に取り組んでいます。

特徴

1987年に、「薬物乱用は、『ダメ。ゼッタイ。』『愛する自分を大切に。』」というキャッチコピーが生まれました。その際に一緒に誕生した「ダメ。ゼッタイ。」君。

キャッチコピーの狙いである、相互に愛情のこもった親子の会話がなされることを目標に、家族のなかの１人として存在します。

薬物乱用のない社会をめざし、全世界が取り組まなければならないという思いが込められています。

ここに登場!

「ダメ。ゼッタイ。」君は「ダメ。ゼッタイ。」普及運動の中心的なキャラクターとしてポスターやリーフレットに欠かせない存在になっています。啓発事業のHP、薬物乱用防止教室で使われる教材（紙・動画）などにも登場しています。

▲▶リーフレット

▲ポスター

技能の道

第50回

時計修理

技能五輪全国大会
「時計修理」金賞受賞

川上健太さん

かわかみ・けんた●2001年、長野県生まれ。2020年、シチズン時計マニュファクチャリング株式会社に入社し、ミヨタ佐久工場に所属。2022年の第60回技能五輪全国大会の「時計修理」職種で銀賞、翌年の第61回大会で金賞を獲得。

現在はミヨタ佐久工場製品部で技能を発揮

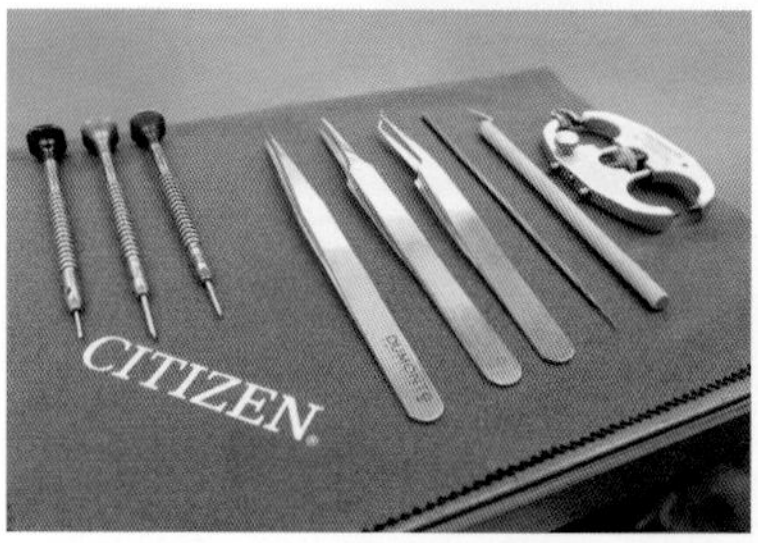

きちんと手入れされた愛用の道具たち

大会では“いつもどおり”の作業ができたという

実力を磨きあげて手にした金メダル 全部署から頼られる技術者をめざす

正しい時刻を知る、時間を計るといった役割に加えて、持つ人の個性を表現する役割も担う腕時計。そのため、「時計修理」職種は機能の修復だけでなく、持ち主の愛着や思い入れに応える高い技術とセンスが必要とされます。

川上健太さんは入社から2年間、毎日8時間の訓練を重ねて臨んだ初めての技能五輪全国大会で銀賞を獲得。しかし、「銀賞は技能ではなく運だった」という思いから、その後も、大会本番を想定した訓練に力を注いだと言います。

「『練習でできないことは本番でもできない』と言われていたので、“いつもどおり”の作業で金メダルが取れるよう意識して訓練しました。おかげで自信もつき、模擬大会も大会当日も落ち着いて臨むことができました」

オンラインでの表彰式は、お世話になった人たちと一緒にパソコンのモニターを囲んで視聴。「あの瞬間が一番緊張したかもしれません（笑）。最後に自分の名前が表示されたとき、周りの人たちは泣いて喜んでくれました」

現在は、技能を後輩たちにどう伝えていくかを、そして現場をより良くするための改善運動を意識する日々。

「これから現場でいただくチャンスをしっかりつかみながら、あらゆる部署から頼られる人材になりたいです」

上司からのコメント

川上君は非常にストイックで、自分の成長や職場を良くするために必要なことを常に考え、行動できる人材です。上司として見習うべき点も多々ある優秀な人材なので、今後も活躍し、皆を良い方向へ引っ張ってくれることを期待しています。（田中明道さん）

★「技能五輪全国大会」とは

各都道府県から選抜された、原則23歳以下の若手技能者たちが技能レベルを競う大会。同大会の隔年の金賞受賞が、国際大会への参加資格となる。

海外からの便り

第62回

厚生労働省から海外へ赴任中の
職員が現地の様子を紹介します

ベトナム社会主義共和国

DATA

面積　約33万㎢（日本の約0.9倍）

人口　約1億30万人（日本の約0.8倍）

在ベトナム日本国大使館　一等書記官　**石井悠久**

日本の職場に不可欠な存在!?

ベトナムと言えば、「アオザイ」といった民族衣装や、「フォー」などのベトナム料理が有名です。最近は、日本でもベトナム料理が食べられるお店が増えてきました。昨年（外交関係樹立50周年）は、日本各地でもベトナム関連イベントが開催され、盛り上がりをみせたと聞いています。日本でベトナムを身近に感じる機会が増えてきていることをとてもうれしく思います。

外交関係樹立50周年を経て、現在の日本とベトナムの関係は最良の状態にあると言われています。今回は、その背景の一つである「ベトナム人材」に注目し、日本とベトナムの関係をご紹介します。

日本では今、約57万人のベトナム人が生活しています。これは、鳥取県の人口と同じ規模であり、国別で2番目に大きい外国人コミュニティです。特徴として、その多くが働くために来日した人材であり、外国人労働者としては国別で最も多い（全体の25％以上）ことなどが挙げられます。

また、昨年ベトナムから海外に働きに行った若者は約16万人で、その半分に当たる約8万人は日本を選んでいます。これは国別で最も多い人数です。円安の影響なども心配されますが、日本は海外の働き先としてベトナムで最も人気があります。

日本で働くことを希望する若者は来日前に半年～1年程度、日本語を勉強します。「ひらがな」から始め、来日までに日本語で簡単なコミュニケーションができることをめざしています。日本語学習のほか、たとえば、介護の仕事に就く場合なら来日前に介護研修なども行われます。最近では、IT分野などの技術者・専門家として日本に働きに行くベトナム人も増えてきました。

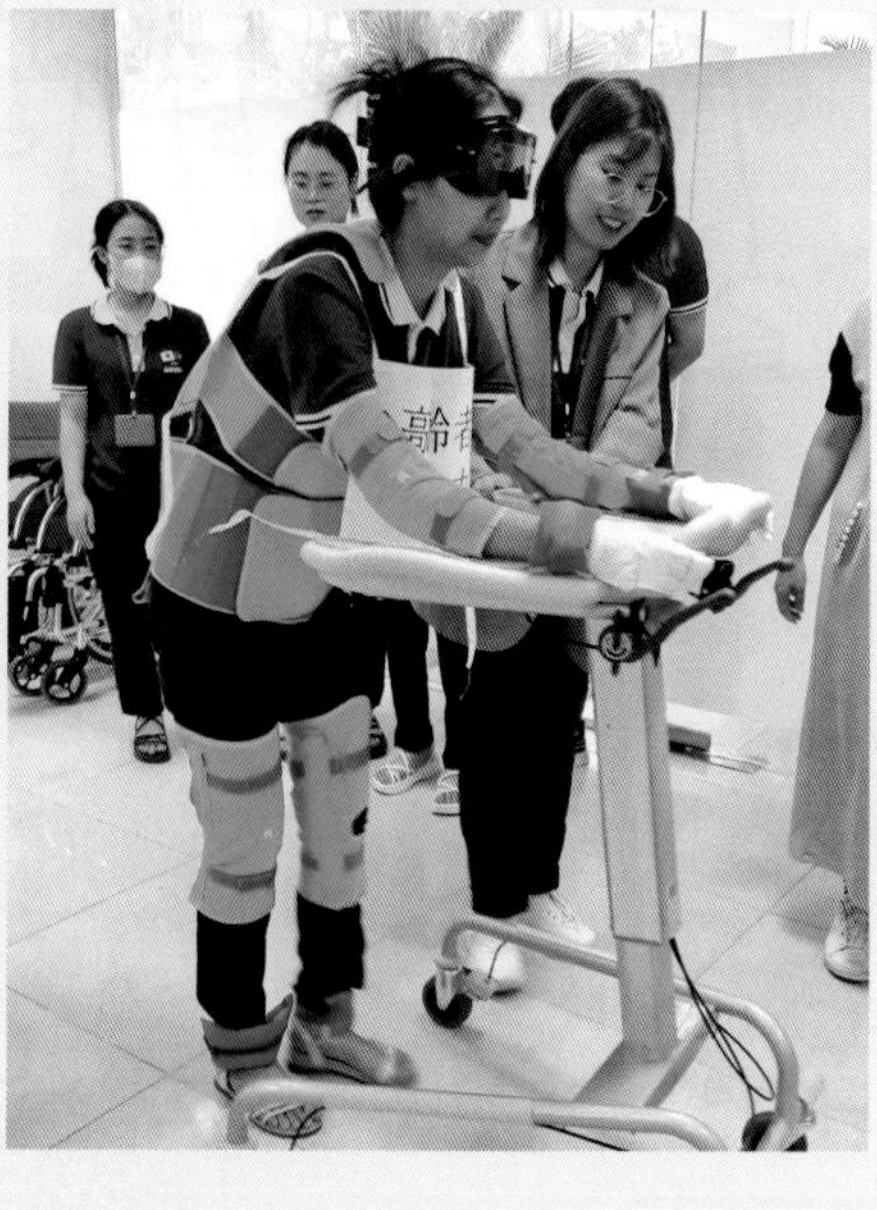

来日前に行われる介護研修の様子。日ベトナム経済連携協定（EPA）に基づき日本に働きに来る看護師・介護福祉士候補者たち

このように、ベトナムは人材面で日本との結びつきが強く、ベトナム人が「なくてはならない存在」として活躍する職場も少なくないと思います。来日前、日本での生活を夢見て、一生懸命に日本語を勉強するベトナム人の若者の様子を見ながら、彼ら彼女たちが「日本に来てよかった」と思ってくれることを当地で願っています。

＊本稿は筆者個人の見解であり、所属組織の見解を示すものではありません。

BACK NUMBER

2024年6月号

特集 外国人労働者の視点で考える
日本の職場の好きなところ驚いたところ

【特集2】
始まる!「出産なび」
分娩施設の情報提供Webサイト開設

【病院ウォーカー】
「回復期」機能
「急性期を過ぎた後の医療」に特化
「在宅生活への復帰」をめざす

2024年5月号

特集 **お産の施設、どう選ぶ?**
分娩施設の情報提供Webサイト誕生!
「出産費用の見える化」が始まります

【Side Business】
地元プロチームからの誘いで審判員“お手伝い”感覚から正式な副業に

【居場所図鑑】
ひとり親支援
親のライフステージと**こどもの成長**に合わせて**就労**などを**サポート**

2024年4月号

特集 疑問も不安も解消! **医療機関や薬局でマイナンバーカード**を**健康保険証**として**使おう**

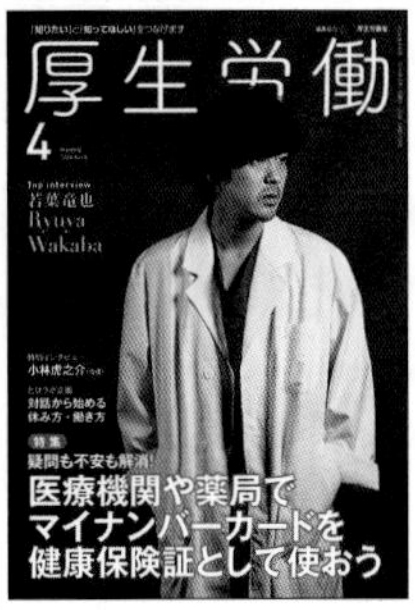

【とびラボ企画】
対話から始める休み方・働き方
～デンマークの暮らし方

【居場所図鑑】
高齢者の見守り
「いつでもできる」からこそできない**安否確認**を**システム化**で**容易**に

2024年3月号

特集 早期発見と治療と仕事の両立で
がんの克服をめざす

【TOPICS】
看護チームの一員として患者に寄り添う看護補助者《ナースエイド》という仕事

【特別企画】
この4月、「建設業」「ドライバー」「医師」へ
時間外労働の上限規制が適用されます!

2024年2月号 SOLD OUT

特集 **女性と依存症**
ライフステージごとの「生きづらさ」の解消へ

【特別企画】
電子処方箋の“はじめの一歩”
～知って、調べて、使ってみよう～

【とびラボ企画】
「農業×福祉」による
多様な社会参加と役割づくり

2024年1月号

特集 「令和５年版 労働経済白書」から見る
持続的な賃上げに向けて

【とびラボ企画】
HIVの過去40年と経験者の声から学ぶ
病気と差別の歴史と正しい知識

【地方厚生(支)局探検隊】
中国四国厚生局
保険年金課・管理課
医療保険と企業年金の制度を支える団体などへの適切な指導・監督・助言に尽力

月刊『厚生労働』を購入するには

1 書店から

2 Amazonから

こちらで販売中
amazon

3 富士山マガジンサービスから

Fujisan.co.jp
雑誌のオンライン書店

『厚生労働』取扱い主要書店

都道府県	書店名	TEL
北海道	丸善札幌医科大学	011-616-0057
北海道	紀伊國屋書店札幌本店	011-231-2131
岩手県	東山堂肴町本店	019-623-7121
群馬県	廣川書店前橋店	027-231-3077
埼玉県	文光堂書店埼玉医大店	049-295-2170
東京都	丸善丸の内本店	03-5288-8881
東京都	紀伊國屋書店新宿本店	03-3354-0131
東京都	ジュンク堂書店池袋本店	03-5956-6111
東京都	友愛書房	03-3591-4822
神奈川県	有隣堂本店医学書センター	045-261-1231

都道府県	書店名	TEL
神奈川県	丸善ラゾーナ川崎店	044-520-1869
千葉県	志学書店	043-224-7111
静岡県	MARUZEN＆ジュンク堂書店新静岡店	054-275-2777
愛知県	ジュンク堂書店名古屋栄店	052-212-5360
愛知県	丸善名古屋本店	052-238-0320
大阪府	ジュンク堂書店大阪本店	06-4799-1090
大阪府	ジュンク堂書店難波店	06-4396-4771
兵庫県	神陵文庫本店	078-511-5551
福岡県	紀伊國屋書店久留米店	0942-45-7170
福岡県	喜久屋書店小倉店	093-514-1400

このほかお近くの書店でもお取り寄せできます。

次号予告

特集

史料や記録がつなぐ日本の歴史 戦争を忘れない（仮）

次号発売日
2024年
8月1日

読者の声

「出産費用の見える化」が始まることを知らなかったので、特集は興味深く拝読しました。私のときと違い今は便利なサービスが増えて羨ましいです。（30代女性）

大抵のことはネットで調べられる昨今、人生に何回もない出産に関する情報サイトを厚生労働省が立ち上げたことは心強いですね。ぜひ利用してみてほしいです。（編集部T）

高畑淳子さんのファンです。インタビューでは、映画で演じる役の人物像に自分の考え方を重ねて語っているので、身近なことに感じられて良かった。（30代男性）

とかく後ろ向きになりがちな「終活」を「人生を閉じる」ではなく、まだまだ謳歌する「活動」と考えると、じっとしてはいられなくなりますよね、きっと。（編集部T）

編集後記

居場所図鑑の取材をしながら、大学時代に障害者施設でアルバイトをしていたときのことを思い出しました。利用者は、身体は大人だけど心は小学生くらいである、と最初に説明されました。働いてみると私が新人で頼りなかったからか、何をするにも心配そうに利用者の誰かが側にいてくれたのを覚えています。重光さんの話を聞きながら、そして自分の経験を振り返りながら、かかわることが彼らの良さを知る近道だと改めて思いました。［佐藤］

第1特集で取り上げた「高年齢労働者の労働災害対策」は、30～40年前には見向きもされなかったビジネス上の取り組みが必須の「新分野」。したがって、取材対象の方々は未知の領域の開拓者であり、取り組み当初の孤軍奮闘、その成果を会社全体に広げる難しさは各社共通。また、新人若年層の筋力低下が顕著とあって、この分野、今の高年齢者層に対してだけではない広く長いものになりそう。新たなビジネス市場としての底堅さも感じた次第。［工藤］

個人情報の取り扱いについて

●個人情報の利用目的について
厚生労働編集部では、読者の皆さまからお預かりした個人情報は、以下の目的で利用させていただくことがあります。①編集記事作成のための取材、②アンケート調査の実施、③当編集部からの電子メールやダイレクトメールによる書籍やセミナーなどの情報提供、④希望者に対する掲載企業からの資料の送付
●個人情報の第三者への提供について
厚生労働編集部では、利用者ご本人の承諾がないかぎり、登録された個人情報を第三者に開示することは正当な理由がなければいたしません。

発行人　林　諄

発行所　株式会社日本医療企画

本社　〒104-0032
東京都中央区八丁堀3-20-5
S-GATE八丁堀
電話（代表）03-3553-2861
（編集部）03-3553-2864
FAX　03-3553-2866
（販売・広告）03-3553-2885
FAX　03-3553-2886

北海道支社　〒060-0061
札幌市中央区南１条西6-15-1
札幌あおばビル201
電話 011-223-5125

東北支社　〒980-0014
仙台市青葉区本町2-5-1
オーク仙台ビル7F
電話 022-281-8536

営業推進本部　〒104-0032
東京都中央区八丁堀3-20-5
S-GATE八丁堀
電話 03-3553-2885

北信越支社　〒920-0024
金沢市西念4-18-40
N・Yビル305
電話 076-231-7791

中部支社　〒460-0008
名古屋市中区栄2-12-12
アーク栄白川パークビル3F
電話 052-209-5451

関西支社　〒541-0046
大阪市中央区平野町1-7-3
吉田ビル4F
電話 06-7660-1761

九州支社　〒812-0016
福岡市博多区博多駅南1-3-6
第三博多偕成ビル503
電話 092-418-2828

編集人　清水大輔
編集長　清水大輔
副編集長　佐藤千華
スタッフ　八木一平・工藤澄人
淺田佑奈・酒井野愛・髙橋由美子
編集協力　藤久一夫
進行管理　酒見直樹
デザイン　能登谷勇・秋田毅英・新井田仁哉
坂本雅実
カメラマン　関口宏紀

印刷　大日本印刷株式会社

⚠ ご注意ください！

本年12月2日から
現行の健康保険証は
発行されなくなります

※12月2日時点で有効な保険証は最大1年間有効です

マイナンバーカード
をご利用ください

今回お持ちでない方は次回ご持参ください

マイナンバーカードの保険証利用登録がまだの方
➡ 利用登録は窓口（カードリーダー）でできます

ひと、くらし、みらいのために
厚生労働省
Ministry of Health, Labour and Welfare

9784867292976

1923036007005

ISBN978-4-86729-297-6

C3036 ¥700E

FSC ミックス 紙｜責任ある森林管理を支えています FSC® C006469

VEGETABLE OIL INK

UD FONT 見やすく読みまちがえにくいユニバーサルデザインフォントを採用しています。